CHARLES BRAUER

THOMAS BLUBACHER

DIE BLAUE MÜTZE

Der Zytglogge Verlag wird vom Bundesamt für Kultur
mit einem Strukturbeitrag für die Jahre 2021–2024 unterstützt.

Autor und Verlag danken der Gemeinde Böckten
für den Druckkostenbeitrag.

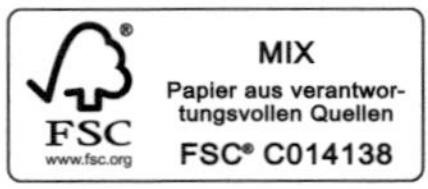

Lektorat: Thomas Gierl
Coverfoto: Ute Schendel
Umschlaggestaltung: Hug & Eberlein, Leipzig
Layout/Satz: Hug & Eberlein, Leipzig
Druck: Finidr, Tschechische Republik
ISBN: 978-3-7296-5114-2

www.zytglogge.ch

CHARLES BRAUER
THOMAS BLUBACHER

DIE BLAUE MÜTZE

UND ANDERE GESCHICHTEN AUS MEINEM LEBEN

ZYTGLOGGE

INHALTSVERZEICHNIS

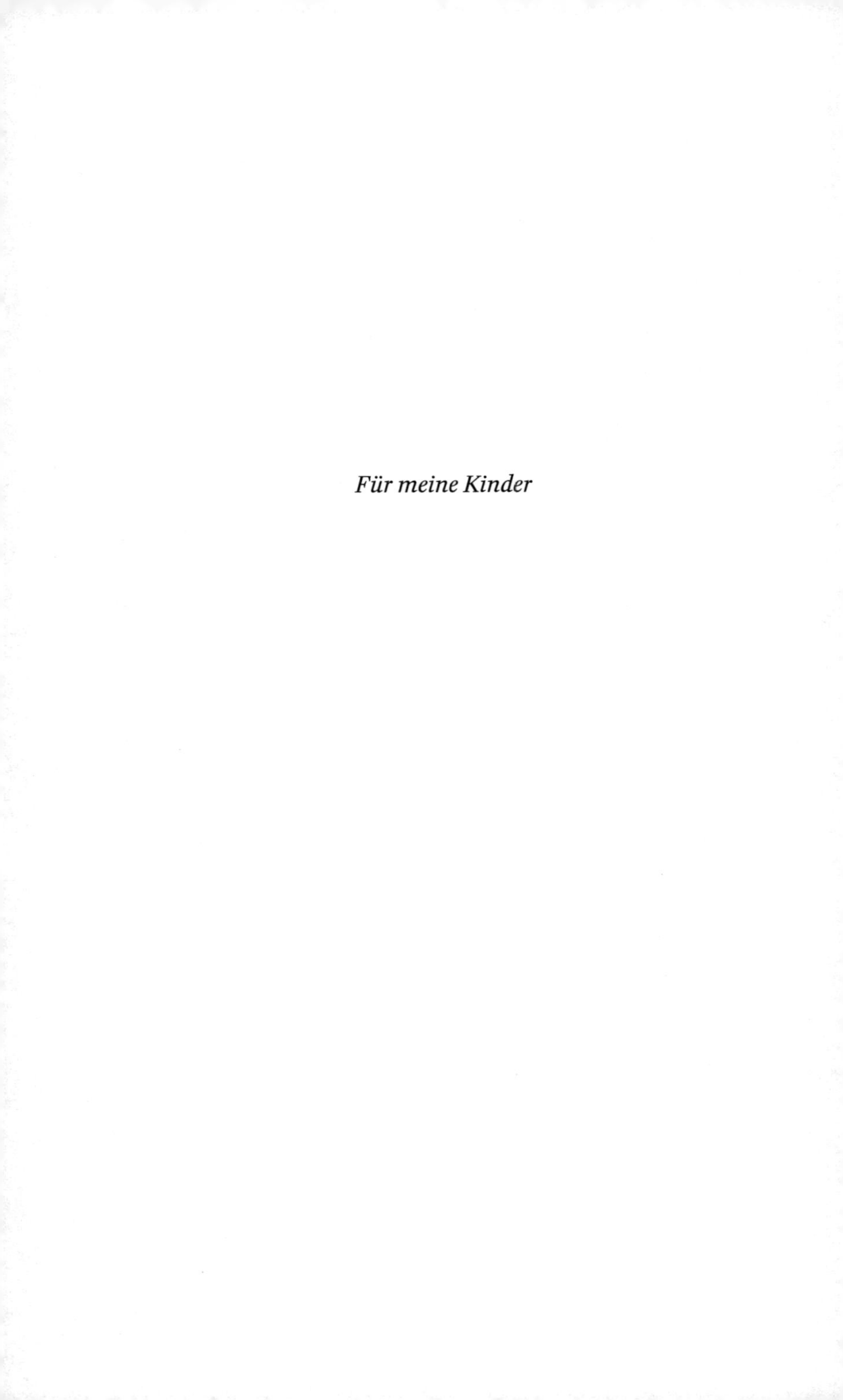

Für meine Kinder

VORAB

«Schreiben heißt, auf die Welt verzichten – dazu ist keine Zeit mehr!»

Das schrieb mir Freund Krug, als ich mich entschlossen hatte, auf eine erbetene und geplante Autobiografie zu verzichten. Was hier nun vorliegt, ist davon ein gutes Stück entfernt. Keiner Chronologie folgend, habe ich versucht, mich an Ereignisse und Dinge zu erinnern, die mir in meinem Leben wichtig und erzählenswert scheinen.

Aber ich möchte auch Fernando Pessoa zitieren: «Ich vergesse unabsehbar, ich vergesse mehr, als ich erinnern könnte.» Doch all das, woran ich mich erinnerte und es dann mit meinem geliebten Füllfederhalter zu Papier brachte, daran hatte ich viel Freude und Vergnügen.

Den Menschen, vor allem meiner Frau und Thomas Blubacher, denen es dann gelang, alles in eine gedruckte Form zu bringen, danke ich von ganzem Herzen. Und ich danke dem Zytglogge Verlag und Thomas Gierl, dass er sich auf so schöne Weise für mein «Sicherinnern» interessierte.

DIE BLAUE MÜTZE

Alles begann an einer Straßenbahnhaltestelle. An der Leipziger Straße, Ecke Friedrichstraße, Berlin-Mitte, im März 1946. Es war kalt, sehr kalt. So kalt, dass Menschen erfroren, auf der Straße oder zu Hause, denn es gab in diesem Winter nichts, womit man heizen konnte. «Du setzt die Mütze auf, sonst setzt es was!», kam von meiner Mutter. Es gab keine andere Mütze als die in himmelblau und noch dazu aus Samt. Mein Vater hatte sie während eines Fronturlaubs aus Frankreich mitgebracht. Ich fand sie trotzdem doof.

Als ich aus der 74 ausstieg, sprach mich ein Mann an. Mantel, Hut, Krawatte, in meinen Augen ein älterer Herr, der aber freundlich auf mich Steppke einredete. Filmregisseur sei er, und ich sei ihm aufgefallen, er wolle einen Film über Berliner Kinder drehen. Ganz in der Nähe, am Dönhoffplatz, sei das Büro der Filmfirma, ob ich nicht einfach dahin mitkäme. Wäre ich mitgegangen, wenn ich schon damals gewusst hätte, dass er der Regisseur des berühmten Films *Emil und die Detektive* war, nach dem Buch von Erich Kästner, und dass am Drehbuch sogar der junge Billy Wilder mitgeschrieben hatte? Natürlich hatte ich keine Ahnung, wie sollte ich auch? Das «Tausendjährige Reich» war – nach zwölf Jahren – gerade erst vorbei; die Nazis hatten Kästners Bücher verbrannt und verboten. Und natürlich ging ich nicht mit zum Dönhoffplatz, weil man in dieser Zeit und überhaupt mit niemandem Fremden mitging. Also schwindelte ich, ich müsse zum Frisör, aber ich gab ihm unsere Adresse, und er meinte, dass jemand bei uns vorbeikommen werde.

Bei uns, ja, denn wir gehörten zu den Glücklichen, die eine Wohnung zugeteilt bekommen hatten, in Schöneberg, im amerikanischen Sektor, in der Kulmer Straße 21. Davor waren wir ein halbes Jahr bei Tante Ida untergekommen, genauer gesagt: Meine Mutter konnte bei ihr im Hinterhaus kochen, geschlafen haben wir in einem Zimmer im halbzerstörten Vorderhaus. Meine dicke Tante Ida, zu der ich «Tante» sagte, die aber eine Freundin meiner Eltern war, hatte Glück gehabt. Ihre Wohnung in der Zimmerstraße war heilgeblieben. Sie lag im russischen Sektor, und deshalb musste ich später noch einige Male mit der 74 von Schöneberg nach Stadtmitte fahren, um einzukaufen, was uns von der Lebensmittelkarte des russischen Sektors noch zustand.

Irgendwann in diesem Winter 45/46 – wir hausten noch in der Zimmerstraße – traf meine Mutter unsere ehemalige Hauswartin aus der Friedrichstraße. «Sagen sie mal, Frau Knetschke, haben Sie gewusst, dass unser nettes Fräulein Beier über all die Jahre einen Juden versteckt hat? In ihrer Wohnung!» Meine Mutter: «Ja, ja, das habe ich gewusst, und ich war wohl die einzige im Haus, die das wusste.» – «Aber, Frau Knetschke, mir hätten Sie das doch erzählen können!» – «Nee, Frau Lorenz, das hätte ich niemandem erzählen können und schon gar nicht ihnen.» Frau Lorenz, sie ruhe in Frieden, war vielleicht eine anständige Person, und ich hatte sie gemocht, aber da hatte es die Blockwarte gegeben, unangenehme, gefährliche Leute. Und wäre sie nicht sogar verpflichtet gewesen zu denunzieren, was in ihrem Haus passierte? Dieser Jude, zu dem ich «Onkel Fietze» sagte, überlebte auf wunderbare Weise die schreckliche Zeit. In den ganzen Jahren hatte er nie die Wohnung von Fräulein Beier verlassen, und meine Mutter als Mitwisserin hatte das Geheimnis dieser beiden gefährdeten Menschen gehütet. Ihm verdankten wir aufgrund seiner Stellung bei einer Behörde, dass uns die Wohnung in Schöneberg zugewiesen worden war. Anderthalb Zimmer im sogenannten Gartenhaus, kein Glas in den Fenstern, nur Pappe und Röntgenplatten.

Kam man in die Wohnung, war gleich links die Küche mit dem großen Herd mit seinen Eisenringen, den man mit Holz befeuerte, rechter Hand eine Stufe zur Toilette; ein Badezimmer gab es nicht. Wir wuschen uns in einer Waschschüssel und ab und an leisteten wir uns eine Dusche im Stadtbad Schöneberg. Mir ist unvergesslich, wie stolz meine Mutter war, ein Sofa organisiert zu haben, mit schwarzweiß kariertem Stoff bezogen, das unser Wohnzimmer freundlich und wohnlich machte. Das Schlafzimmer war nur ein halbes Zimmer unter schräger Decke, darin standen das Elternbett und mein Bett, in dem ich schlief, bis ich achtzehn Jahre alt war, und in einer Ecke ein Tisch für meine Schularbeiten.

28. Volksschule
des Verwaltungsbezirks
der Reichshauptstadt Berlin

Schuljahr 1945/46
2. Halbjahr
Klasse 5 *)
Versetzt nach Klasse 6

Zeugnis

für Charles Knetschke,
geb. am 3. VI 1935 in Berlin Kreis

1. Führung und Haltung:
Seine Haltung ist einwandfrei.

2. Leistungen:
Leibeserziehung genügend
a) Spiele / b) Leichtathletik / c) Schwimmen / d) Turnen /

Deutsch	genügend	Zeichnen und Werken	genügend
Heimatkunde	/	Hauswirtschaft a) Handarbeit	/
Geschichte	/	b) Hauswerk	/
Erdkunde	genügend	Rechnen u. Raumlehre	genügend
Naturkunde a) Lebenskunde	genügend	Schrift	genügend
b) Naturlehre	/	Russisch:	genügend
Musik	genügend	Gegenwartsk:	genügend

3. Bemerkungen: /

Versäumte 50 Tage. Kam / mal zu spät.

Berlin-Mitte, den 25. Juli 1946

Der Rektor
Die Klassenlehrerin
Flügel

Unterschrift des Vaters oder seines Stellvertreters: Charlotte Knetschke

Stadt Berlin 28. Volksschule Bezirksamt Mitte

~~Bewertung der Führung und Haltung: Sehr gut, Gut, Im ganzen befriedigend.~~
~~Bewertung der Leistungen: Sehr gut, Gut, Befriedigend, Ausreichend, Mangelhaft, Ungenügend.~~
~~Bewertung der einzelnen Übungsgebiete der Leibeserziehung: 1–9 (1 kennzeichnet die geringste, 9 die beste Leistung).~~

Schul. V. 53. Halbjahreszeugnis für Volksschulen. Mat. 10761. Din A 5. 100000. 5. 44.
*) Die Schule umfaßt 8 aufsteigende Klassen (1. bis 8. Klasse).

Ich ging ja wieder in die Schule. Allerdings war ich da nicht oft, und in meinem Zeugnis stand, dass ich fünfzig Tage gefehlt hätte. Schuld daran waren der Film und sein Regisseur, Gerhard Lamprecht.

Zufall? Schicksal? Was wäre gewesen, hätte ich diesen Mann nicht getroffen? Was wäre aus mir geworden? Wieso saß er in derselben Straßenbahn und erzählte mir später, dass er mich schon einmal gesehen hätte mit dieser Mütze, da sei ich ihm aber entwischt. Zufall? Mir damals nicht bewusst, war es eine Art Startschuss, eine Aussicht auf etwas, das besser aussah als alles, was meine Eltern erlebt hatten. Es hat dann einige Jahre gedauert, bis ich dachte, dass dies ein Beruf sein könnte: Theater zu spielen, vor einer Kamera zu stehen. Damals war es ein Privileg, verglichen mit dem Schicksal meiner Kumpels auf der Straße. Ich verdiente schon Geld, wurde zum Drehen mit dem Auto abgeholt, einem Opel P4 mit Holzvergaser, und auch wieder nach Hause gebracht. Aber genauso wichtig war es mir, beim Schlagball, beim Fußball und den Kämpfen in den Trümmern gegen die Kinder anderer Straßen einer von ihnen zu sein.

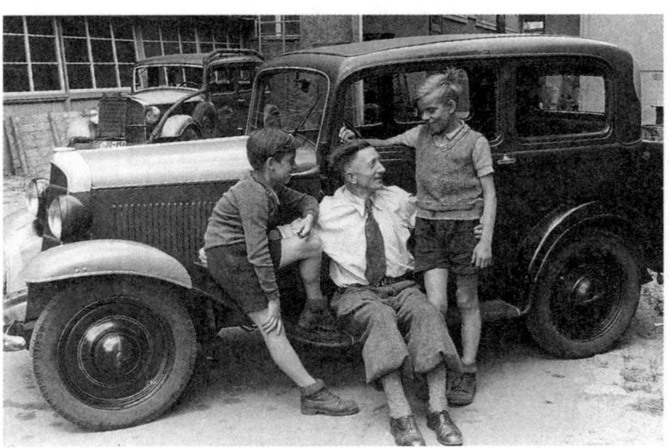

Charles mit Chauffeur und Horst Trinkaus

Als ich meiner Mutter von der Begegnung mit dem Filmregisseur erzählte, lachte sie sich kringelig. Umso mehr staunte sie dann, als es am nächsten Tag tatsächlich bei uns klingelte, ein Herr Körner sich als Aufnahmeleiter vorstellte und uns erzählte, was es mit diesem Film auf sich habe. Ein Film mit vielen Kindern, ein Film über Kinder in den Trümmern von Berlin. Irgendwann gebe es ein Treffen mit dem Regisseur und den Kindern in der Krummen Straße in Charlottenburg. Da werde ausgesucht, wer dabei sei und wer nicht. Ob ich nicht Lust hätte, auch mitzumachen? Und ob ich hatte! Mutter hatte nichts dagegen, und Vater war zwar gerade mal wieder nicht zu Hause, aber es war klar, dass auch er es toll finden würde.

Die Krumme Straße war ein einziges Trümmerfeld. Später wurde sie dann auch unser Hauptdrehort. Aber erst einmal gab es das, was man heute ein Casting nennt. Gerhard Lamprecht saß auf irgendeiner Art Stuhl, und wir, ein Haufen Kinder, standen um ihn herum und versuchten zu verstehen, um was es da eigentlich ging. Lamprecht erzählte uns ein wenig von der Geschichte, die er sich für den Film ausgedacht hatte, und animierte uns dann, von uns zu erzählen, ein Gedicht aufzusagen, etwas zu spielen, was immer uns einfiele. Mir fiel sofort etwas ein: Einige Tage vorher war ich mit meinem Vater im Friedrichstadt-Palast, dem alten, gleich neben dem heutigen Berliner Ensemble, bei einer Boxveranstaltung gewesen, einer der ersten, die in Berlin stattfanden. Mein Vater hatte als Amateur geboxt, und ich war später noch oft mit ihm bei Boxkämpfen. War es meine Idee, mir so ein Porzellanding zu schnappen, das da in den Trümmern herumlag, einen halbzersplitterten Isolator von einem Telegrafenmast? Ich weiß es nicht. Aber das war mein Mikrofon, und ich tat so, als sei ich ein Sportreporter und berichtete über diesen Boxkampf.

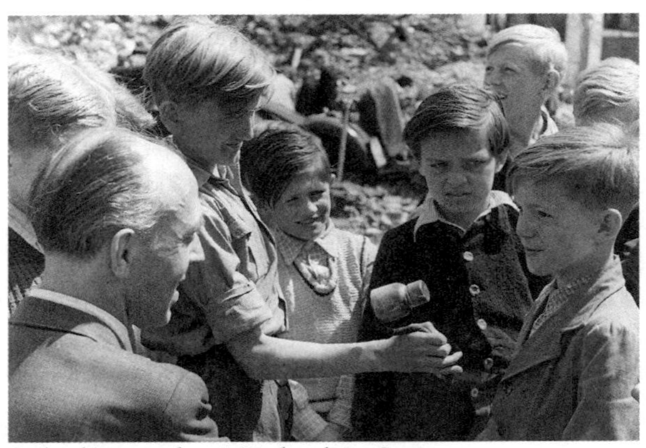

Gerhard Lamprecht mit Kindern beim Casting,
Zweiter von rechts Charles Knetschke

Offenbar war meine Reportage ziemlich gut und lebendig, jedenfalls gefiel ich Herrn Lamprecht so, dass ich der Gustav in seinem Film wurde, und das war eine der Hauptrollen. Der DEFA-Film *Irgendwo in Berlin* war erst der dritte überhaupt nach dem Krieg. An den ersten kann ich mich gut erinnern: *Die Mörder sind unter uns* in der Regie von Wolfgang Staudte mit der jungen Hildegard Knef.

Auch in unserem Film geht es um Menschen, die den Krieg überlebt haben, vor allem um eine Horde Zehn- bis Zwölfjähriger, die nichts anderes im Kopf haben, als Krieg zu spielen, mitten in den Ruinen, in der vollkommen zerstörten Tankstelle von Gustavs Vater. Der würde alles wieder aufbauen, sobald er aus dem Krieg zurückkäme, davon ist Gustav felsenfest überzeugt. Doch der Vater kommt als gebrochener Mann ohne jede Hoffnung auf einen Neubeginn aus dem Krieg zurück. Einen «dreckigen Jammerlappen» nennen ihn die anderen Jungs.

Zu Gustav hält nur Willi, sein bester Freund, der beide Eltern verloren hat und bei einer Verwandten aufwächst, die einen Papierwarenladen betreibt.

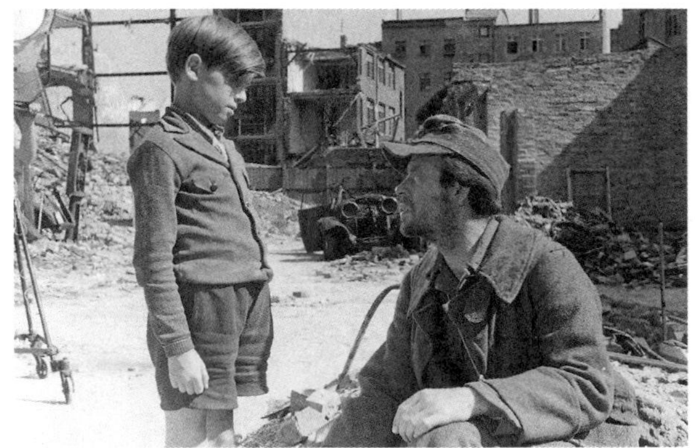

Charles und Harry Hindemith

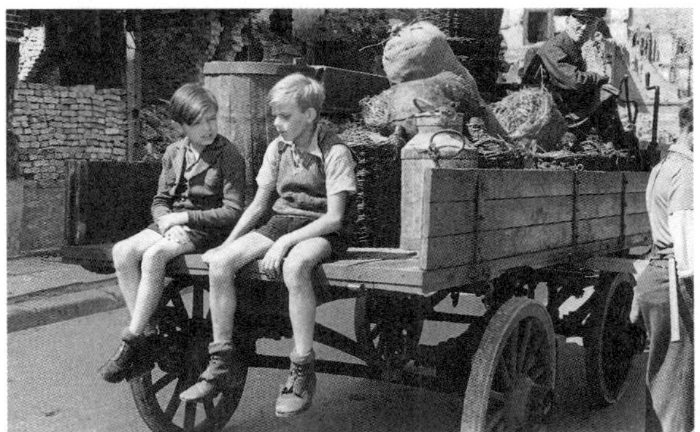

Charles und Hans Trinkaus

Ihr Untermieter, ein mieser Schieber, stiftet die Kinder an, Lebensmittel zu klauen, und besorgt ihnen dafür Feuerwerkskörper für ihre Kriegsspiele. Wegen einer Wette und weil er kein Feigling sein will, besteigt Willi eine zwanzig Meter hohe Mauer und stürzt ab. In einer der letzten Szenen des Films stehen seine Kameraden um das Bett ihres sterbenden Freundes, und eigentlich sollte das der Schluss dieses pazifistischen Films sein, mit der Botschaft: Krieg, ob unter Erwachsenen oder unter Kindern, tötet und ist zu verurteilen. Doch die russische Administration, die den Film abnahm, forderte ein positives Ende, das den Menschen Mut mache, und so wurde in einer neugedrehten Schlussszene gezeigt, wie die Kinder, um Gustavs Vater zu überraschen, gemeinsam die Trümmer seiner Tankstelle räumen.

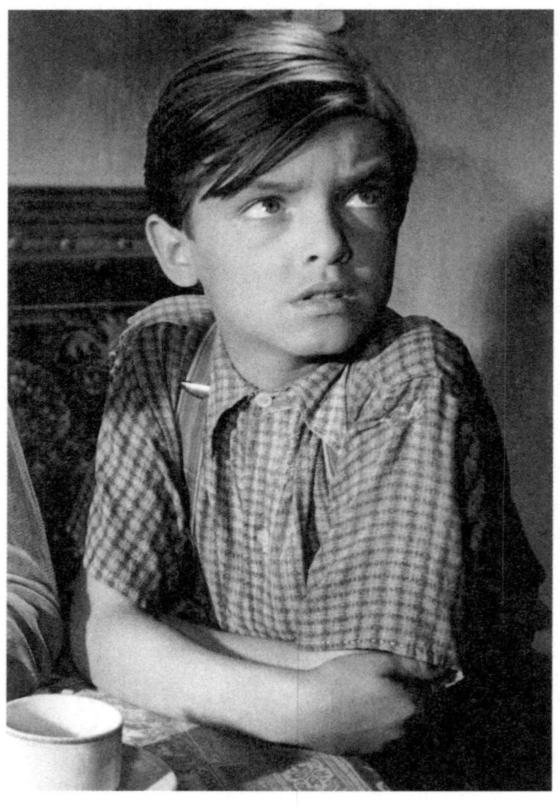

Gerhard Lamprecht hatte damals einer Zeitung von unserer Arbeit erzählt, und meine stolze Mutter las es mir vor: *«Die Auswahl der Hauptdarsteller war, als das Drehbuch fertig vorlag, das größte Problem. Aber ich verließ mich auf mein Fingerspitzengefühl und auf meine Erfahrung. Den Jungen, der im Film die Rolle des kleinen Gustav spielt, entdeckte ich in der*

Straßenbahn. Ein helles, aufgewecktes Gesicht, frisches Benehmen. Er schien mir geeignet, und ich ließ mir seine Adresse geben. Ich hatte mich in Charles, so heißt er, nicht getäuscht. Er benimmt sich ganz großartig vor der Kamera, als wenn er in seinem ganzen Leben nichts anderes getan hätte. Dann habe ich wochenlang fast alle Berliner Schulen besucht, an den Unterrichtsstunden teilgenommen und jeden Jungen genau beobachtet. Ich fand alle Typen, die ich brauchte. Aus sämtlichen Stadtteilen Berlins setzten sich nun meine dreißig kleinen Schauspieler zusammen, alle sind mit Begeisterung bei der Sache und machen uns das Leben weniger schwer, als wir im Grunde befürchtet hatten.»

Die Premiere fand am 18. Dezember 1946 statt, und wir, meine Eltern und ich, waren natürlich eingeladen. Ehrfürchtig saßen wir in einer Loge der Staatsoper, die ihr Domizil damals im Admiralspalast am Bahnhof Friedrichstraße hatte. Es gab hinterher viel Applaus, und ich musste das erste Mal in meinem Leben auf eine Bühne, um mich zu verbeugen. Noch heute ist *Irgendwo in Berlin* nicht nur ein einzigartiges Zeitdokument, sondern auch ein eindrucksvoller Film, trotz des leisen Pathos und manchmal altmodisch agierender Schauspieler. Aber das betrifft nicht den seitdem von mir verehrten Paul Bildt und auch nicht Fritz Rasp, der ja schon 1931 in Lamprechts *Emil und die Detektive* als Bösewicht brilliert hatte. Und es ist deutlich zu sehen, wie gut Lamprecht es verstand, Kinder zu führen. Ich jedenfalls finde uns noch immer prima.

Gerhard Lamprecht habe ich nach der Premiere leider nie wieder getroffen. Irgendwann, Ende der Fünfziger, schrieb ich ihm, was aus mir geworden sei und dass ich am Hamburger Schauspielhaus spiele. Er antwortete sofort, er freue sich und gratuliere mir, und sein reizender Brief schmückt nun meine Briefsammlung.

Bei diesem Film hatte allein ich zweiundsiebzig Drehtage – ich weiß natürlich, wie sehr sich Material und Technik verbessert haben, aber unsere Neunzig-Minuten-*Tatorte* durften nie mehr als dreiundzwanzig Drehtage haben. Es war für mich kleinen Kerl eine wunderbare Zeit und auch für meine Eltern ziemlich abenteuerlich.

Mein erster Drehtag war draußen in den zuletzt von der TOBIS genutzten Johannisthaler Filmateliers, 1920 eröffnet als das «größte Filmatelier der Welt». In Halle B, die die Bomben verschont hatten, wurden sämtliche Innenaufnahmen gedreht. Das, was ich am ersten Morgen anhatte, gefiel den Filmleuten und war ab da mein Kostüm. Abends wurde ich nach Hause gebracht, und meine Mutter fand, dass das Hemd aber nun gewaschen werden müsse, also zog sie mir am nächsten Morgen ein anderes an. Riesenaufregung, als ich in Johannisthal ankam, wo denn mein Hemd sei. Es wurde geholt, und ich lernte den Begriff «Anschluss» kennen. Ich lernte auch, dass es beim Drehen im Atelier sehr warm werden konnte. Das Filmmaterial damals brauchte enorm viel Licht, und die Scheinwerfer erzeugten eine geradezu unerträgliche Hitze. Eines Tages fiel ich einfach um. Wahrscheinlich war die mittägliche Suppe ein wenig zu dünn ausgefallen, jedenfalls war an diesem Tag für mich Drehschluss.

Natürlich erhielt ich eine Gage für den Film: fünfzehnhundert Mark. Wenn man weiß, dass auf dem Schwarzen Markt ein Pfund Butter für achthundert und eine Zigarette für fünf Mark gehandelt wurden – also toll war das nicht! Meine Eltern gaben mir jeden Morgen eine Büchse mit belegten Stullen mit, was für sie mit unseren mageren Lebensmittelmarken wirklich nicht einfach war. So kam es, dass mein Vater schon bald energisch mit dem Produktionsleiter sprach und daraufhin meine Gage um fünfhundert Mark erhöht wurde.

DEFA DEUTSCHE FILM-A·G·
Berlin SW 68 Krausenstraße 38-39

TELEFON: SAMMELNUMMER 425921 · DRAHTWORT: DEFAFILM BERLIN

Die Deutsche Film-Aktiengesellschaft (DEFA)
BerlinSW68, Krausenstr. 38-39

und der minderjährige Charles Knetschke,
vertreten durch seinen Vater Charly Knetschke,
Berlin W 35, Kulmerstr. 21

schliessen folgenden

V e r t r a g .

§ 1

Knetschke verpflichtet sich, auf die Dauer von zwei Jahren nach Beendigung des Films "Irgendwo in Berlin" jede Tätigkeit bei einer anderen Filmgesellschaft, einem Theater, Kleinkunstbühne oder dergleichen ohne Einverständnis der DEFA zu unterlassen.

§ 2

Als Entschädigung hierfür zahlt die DEFA nach Beendigung des Films "Irgendwo in Berlin" mit Wirkung von dem darauf folgenden Monat ab monatlich RM 200.-- (i.B. zweihundert Reichsmark) am Ende eines jeden Monats.

§ 3

Während der Dauer dieses Vertrages verpflichtet sich Knetschke, auf Anforderung der DEFA jederzeit eine Rolle in irgendeinem Film, Theaterstück oder dergleichen zu übernehmen.
Die hierfür zu zahlende Gage wird alsdann neu vereinbart.

§ 4

Knetschke verpflichtet sich für den Fall, einer Zuwiderhandlung gegen diesen Vertrag eine Vertragsstrafe von mindestens RM 1.000.-- unbeschadet etwaiger weiterer Schadensersatzansprüche der DEFA für jeden Fall der Zuwiderhandlung zu zahlen.

Berlin, den 25. Sept. 1946.

– DEFA –
Deutsche Film-A.G.

Nach der Premiere des Films bekam ich einen Zweijahresvertrag bei der DEFA. Die monatliche Gage betrug zweihundert Mark, was aber viel wichtiger war: Ich hatte ein Anrecht auf die Lebensmittelkarte 1 für Schwerstarbeiter und künstlerisch Tätige. Zu denen gehörte nun auch ich. Aber noch wichtiger für unser tägliches Leben war die Verfügung der russischen Kommandantur, dass in ihrem Sektor Künstler eine zusätzliche monatliche Lebensmittelration bekamen. Da stand ich dann irgendwo in Berlin-Mitte mit meiner Mutter und berühmten Leuten in der Schlange vor einem Laden, der für die Öffentlichkeit geschlossen war und in dem man so kostbare Extras wie Haferflocken, Kaffee und Fleisch bekam. Das war eine Riesenhilfe für uns.

Und ich, der elfjährige Charles Knetschke, wie ich damals noch hieß, war zum Haupternährer der Familie geworden.

KUCHEN AUS KARTOFFELSCHALEN

«Wie können Sie Ihrem Sohn einen so undeutschen Namen geben!» Die Stationsschwester der Frauenklinik in der Berliner Charité war schon stramm auf völkischem Kurs, obwohl die Nazis im Juli 1935 erst seit gut zwei Jahren bestimmten, wer ein richtiger Deutscher sein durfte. Aber es soll ja auch heute schon wieder Gegenden in Deutschland geben, wo solch völkisch versaute Fragen gestellt werden. Doch es blieb bei meinem Namen Charles, den sich meine Eltern, vor allem mein Vater, gewünscht hatten. Er selbst hieß Karl, wurde aber überall Charly genannt, und der Sohn sollte eben nun Charles heißen. Charles Knetschke!

Geht es noch berlinischer? Mein Freund Manfred Krug aber hatte irgendwann ausgegraben, dass der Name ganz sicher aus dem Polnischen stamme. Mir fällt Zuckmayers Hauptmann von Köpenick ein, den er sagen lässt: «Heitzetage sin doch de meisten Berlina aus Posen. Ick bin schon aus de Wuhlheide.»

Mein Kiez war die Stadtmitte, zwischen Koch- und Puttkamerstraße, und wenn ich Komiker geworden wäre, hätte Karl vielleicht viel besser gepasst. Es blieb bei Charles, aber den Knetschke zu ändern, hatte mir bei dem Film *Kampf der Tertia* schon Erik Ode geraten. Er führte Regie und war damals noch kein prominenter Fernsehkommissar. Das war 1952 in Hamburg, und es dauerte noch einige Jahre, bis ich den Mädchennamen meiner Mutter annahm: Brauer. Auch das geschah wieder in Hamburg und kostete bei der dortigen Innenbehörde flotte hundertachtzig DM. Viel Geld war das damals und ein beachtlicher Teil meiner Theatergage. Meine Mutter hat sich gefreut, und mein Vater konnte nichts dagegen haben, sie hatten sich scheiden lassen und lebten in verschiedenen Teilen Berlins.

Seit 1949 hatte ich auch einen Bruder namens Ronald, der mein kleiner Bruder war und heute ein großer Freund für mich ist.

Meine Eltern hatten sich 1929 kennengelernt, in Swinemünde, wo mein Vater in einem Trio zum Tanz aufspielte. Beide, 1909 geboren, unehelich, sie in Stettin, er in Berlin, hatten keine gute Kindheit.

Meine Mutter, Lotte hieß sie, war bei ihren Großeltern mit Geschwistern aufgewachsen, die eigentlich Onkel und Tanten waren. Ihre Mutter oder ihren Vater hat sie nie kennengelernt. Sie machte in Stettin eine Lehre bei einer Firma für Lampenschirme und war ihr Leben lang mit ihren schönen Händen geschickt im Umgang mit Nadel und Faden. Sie war 18 Jahre alt, als sie nach Berlin kam, um in den «Goldenen Zwanzigern» ihr Glück zu machen.

Mein Vater hatte gar nichts gelernt. Mit zehn Jahren gab ihn seine Mutter in die Pflege nach Calau in der Lausitz. Es folgten schlimme vier Jahre, die er bei einem Schulpedell und dessen Frau als Pflegekind verbrachte. Was auch bedeutete, eine billige Arbeitskraft zu sein und zum Beispiel täglich nach dem Unterricht die Tintenfässer der Schüler reinigen zu müssen. Es gab auch gehörig Prügel, und Schmalhans war Küchenmeister. Seine Mitschüler hänselten ihn als Waisenkind, doch er war ein starker Junge und ging keiner Schlägerei aus dem Weg. 1923, mit vierzehn Jahren, kam er zurück nach Berlin; eine Schule besuchte er dort nicht mehr. Er war ein gutaussehender, auch ein heller Junge und bekam eine Anstellung als Page im vornehmen Hotel Esplanade am Potsdamer Platz. Bald war er intim mit dem Berliner Nachtleben, den Clubs, den Cafés und überall da, wo Jazz gespielt wurde. Irgendwann saß er selbst an einem Schlagzeug, trat schon bald in einem Trio in Winterkurorten und an der Ostsee auf, sang mit einer angenehmen Stimme die Schlager der Zeit und schien etwas gefunden zu haben, das ihn glücklich machte. Er war Mitglied eines Boxvereins und wohl auch eines der Berliner Ringvereine, die sich nach außen einen bürgerlichen Anstrich und Namen wie «Glaube, Liebe, Hoffnung» gaben, aber ähnlich der Mafia kriminelle Vereinigungen waren und auch Schutzgelder eintrieben.

Am 13. Juni 1931 heirateten meine Eltern, sie waren verliebt, und als ich 1935 geboren wurde, waren wir das, wonach sie sich gesehnt hatten – eine Familie. Alles hätte gut sein können.

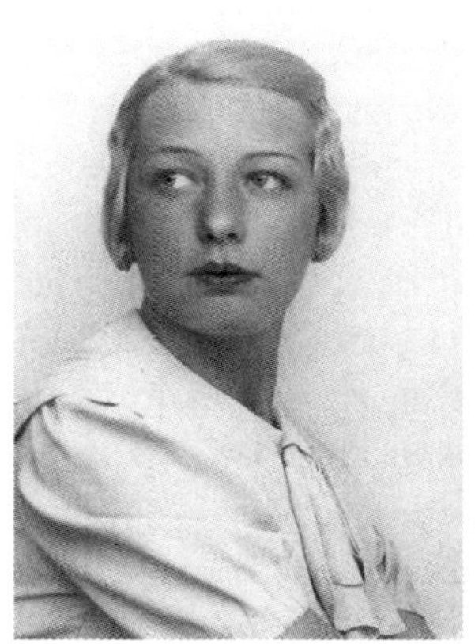

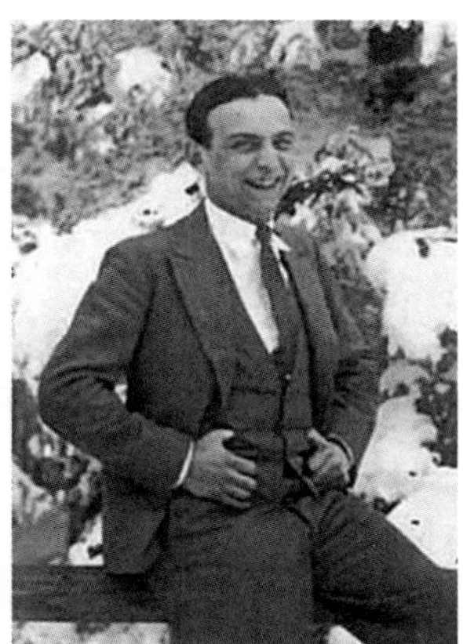

Mutter Lotte, Vater Karl

Aber nichts war gut, denn Musik durfte mein Vater als Nichtgelernter nicht mehr machen, das verboten die Regeln der neu installierten Reichsmusikkammer. Und meine Eltern hatten nichts im Sinn mit den Machthabern. Meine Mutter hat mir erzählt, dass sie Umwege machte, um bei Aufmärschen nicht am Straßenrand stehen und den Arm zum Hitlergruß erheben zu müssen. Beide kannten sie zu viele jüdische Menschen, die nach und nach einfach verschwanden. Mein

Vater gehörte auch zu denen, die sicher waren, erst recht nach der Pogromnacht 1938, dass es zu einem Krieg kommen werde.

Rückblickend bin ich froh, dass mein Vater kein Beamter, Geschäftsmann oder etwas Ähnliches gewesen ist, was ihn genötigt hätte, der NSDAP beizutreten. Denn anders konnte man damals in diesem Staat kaum Karriere machen. Doch wovon haben meine Eltern gelebt, wie verdienten sie ihr Geld? Ich kann mich erinnern, dass sie einen Kiosk betrieben im «Clou», einem Tanzetablissement um die Ecke in der Mauerstraße, wo Mutti mit dem Bauchladen Zigaretten verkaufte.

Am 1. September 1939 begann der Zweite Weltkrieg mit dem Überfall Deutschlands auf Polen. Mein Vater hatte mir erzählt, er habe zu denen gehört, die als Erste eine Einberufung in ihrem Briefkasten gehabt hätten. Er erzählte aber auch, dass er sich freiwillig zur Schutzpolizei gemeldet habe, mit dem Hintergedanken, dass er dadurch nicht zum Heer eingezogen werden würde. Welch ein Irrtum! Die Bataillone der Schutzpolizei waren die ersten, die zusammen mit dem Heer in Polen einmarschierten. Wie es wirklich war, werde ich nicht mehr in Erfahrung bringen. Auch ist zu vermuten, dass man Vorbestrafte und unsichere Kantonisten in spezielle Polizeibataillone steckte und sie an die Front schickte. Sie hatten für Ordnung in den besetzten Gebieten zu sorgen und waren eine berüchtigte Truppe. Vater berichtete mir von Erschießungen und dass er sich geweigert habe, daran teilzunehmen. Und dass es ein Märchen sei, dass diese Verweigerungen bestraft worden wären, wie man es nach dem Krieg erzählte. Eine militärische Karriere machte man so natürlich nicht, aber damit hatte mein Vater ja sowieso nichts am Hut.

Ich habe keine Ahnung, wie lange er in Polen gewesen ist. Gesehen habe ich ihn erst wieder im Sommer 1941, da kam er aus Frankreich, das im Juni 1940 kapituliert hatte. Er war in der Festung La Rochelle stationiert und bediente dort den Entfernungsmesser. Ich sehe ihn in der Berliner Wohnung vor dem Radio sitzen mit einer dicken Decke über dem Kopf und mir Sechsjährigen leise und sehr eindringlich erklären, dass ich niemandem davon erzählen dürfe. Ich habe das Signal der Nachrichten-Ankündigung von BBC noch im Ohr. Einen Feindsender zu hören war damals lebensgefährlich, und Leute, die einen denunzierten, gab es auch.

Bis zum Kriegsende habe ich ihn nur noch einmal gesehen. Da waren wir, meine Mutter und ich, schon evakuiert und lebten in der kleinen Gemeinde Niederwürschnitz im Erzgebirge. Für meine Mutter, eine echte Großstadtpflanze, war das eine schlimme Zeit. Ihre geliebte Wohnung, unser Zuhause in der Friedrichstraße zu verlassen, war schrecklich für sie. Jetzt bewohnten wir ein Zimmer ohne Bad in der ersten Etage eines zweistöckigen Mietshauses. Einmal in der Woche lieh meine Mutter eine Zinkwanne aus, in der ich gebadet wurde. Aber wo Mutter kochte in diesem einzigen Zimmer, wo die Toilette war, das alles ist aus meiner Erinnerung verschwunden. Gut weiß ich aber noch, wie schwer es ihr fiel, uns etwas Schmackhaftes auf den Teller zu bringen. Ich wurde zum Pilzkenner, sammelte Blaubeeren, es gab Suppe aus Brennnesseln, und wenn man aus getrockneten Kartoffelschalen Mehl machte, konnte man daraus eine Art Kuchen backen. Wir hatten die mieseste Lebensmittelkarte, und meine Mutter machte manchmal den Scherz, ob wir uns mit der wöchentlichen Butterration nicht einfach nur ein anständiges Brot schmieren sollten.

Trotzdem hatte ich damals nicht das Gefühl von Armut. Den Leuten um uns herum ging es nicht viel besser – von den Bauern einmal abgesehen.

Die Menschen in Niederwürschnitz lebten vom Bergbau, und in vielen Wohnungen standen Webstühle für Weißwäsche. Mit einer Familie hatte sich meine Mutter etwas angefreundet, und deren Sohn nahm mich mit zu den anderen Jungs des Dorfes. Erst einmal wurde ich misstrauisch beäugt, auch verstand ich kaum ein Wort von dem Dialekt, den sie sprachen. Allerdings besaß ich etwas, das sie neugierig machte: einen Spielzeugrevolver, der verblüffend echt aussah, und damit war ich natürlich hochinteressant. Ob sie den auch mal in die Hand nehmen dürften? Ich erlaubte es großzügig, und damit war das Eis gebrochen.

Anfang 1944 glaubte meine Mutter gehört zu haben, dass es weniger Bombenangriffe auf Berlin gebe, und sie beschloss, dort nach dem Rechten zu sehen.

Gegen Abend hätte unser Zug in Berlin ankommen sollen, doch kurz vor Jüterbog hielt er auf freier Strecke. Dort standen wir viele Stunden, weil Berlin bombardiert wurde, wir konnten sogar das Wummern in der Ferne hören. Im Morgengrauen kamen wir dann endlich am Anhalter Bahnhof in Berlin an. Zu Fuß gingen wir die halbe Stunde zu unserem Haus, das unzerstört war, aber diese halbe Stunde war beängstigend. Die Luft war noch voller Rauch, wir liefen an zerstörten Häusern vorbei, die Straßen waren voller Trümmer, und ich sah meinen ersten Toten. Er lag im Wasser eines überschwemmten Kellers. Im Kino in der Wochenschau hatte ich zwar schon tote Soldaten gesehen, aber jetzt stand ich da und konnte nicht wegsehen, bis mich meine Mutter weiterzog. Wir blieben achtundvierzig Stunden in Berlin, saßen jede Nacht im Keller und kehrten mit dem nächsten Zug nach Sachsen zurück. Denn wie immer es dort auch war, vor Bomben waren wir zumindest sicher. Chemnitz war die nächste größere Stadt, und soweit ich weiß, wurde sie erst Anfang 1945 aus der Luft angegriffen.

Am 4. Februar 1945 erhielt meine Mutter ein Telegramm aus Berlin. Ich sehe sie am Fenster unseres Zimmers stehen und furchtbar weinen. Am Tag davor hatte es einen der schwersten Angriffe auf die Berliner Innenstadt und das Regierungsviertel gegeben. Fräulein Beier und «Onkel Fietze» hatten überlebt und das Telegramm geschickt. Für meine Mutter war es schrecklich, all ihr Hab und Gut und ihre geliebte Wohnung zu verlieren.

Eines Tages, es muss im April 1945 gewesen sein, kam der Krieg auch in unser Dorf. Im Haus gegenüber versammelten sich plötzlich etwa dreißig deutsche Soldaten und besetzten die Räume und den Garten unserer Dorfbäckerei. Es wurde geflüstert, dass ein Leutnant mit dieser Truppe das Dorf verteidigen würde. Die «Truppe» bestand zum großen Teil aus Halbwüchsigen, und als die erste Granate im Nebenhaus einschlug, hatten sich der Leutnant und seine Armee in Luft aufgelöst.

Und dann kamen sie, die Amerikaner! Wir waren gewarnt worden, uns nicht in den Fenstern zu zeigen, weil sofort geschossen werde, aber wir linsten natürlich durch einen Vorhangspalt auf die Straße. Langsam, fast tänzerisch, so kam es mir vor, bewegten sich die Soldaten an unserem Haus vorbei. Locker, lässig, die Gewehre in der Armbeuge, nahmen sie unser Dorf ohne jede Gegenwehr ein.

Es hatte sich herumgesprochen, dass sie bald wieder abziehen würden, da unsere Gegend russisches Besatzungsgebiet werden würde. So fuhren denn die Amerikaner, von uns Kindern begleitet, schon bald wieder davon und beglückten uns mit Keksen und Schokolade, die sie aus ihren Jeeps warfen.

Am nächsten Tag war es in Erwartung der russischen Soldaten totenstill. Sie kamen in drei oder vier offenen Lastwagen, ratterten durch den Ort und verschwanden.

Am 30. April vergiftete sich Adolf Hitler in seinem Berliner Bunker. Vorher hatte er noch Großadmiral Karl Dönitz für die Regierungsführung bestimmt, der gesagt haben soll: «Heldenkampf ist genug gekämpft, Volkssubstanz erhalten, keine unnötigen Blutopfer mehr.» Eine späte Einsicht dieses überzeugten Nationalsozialisten, der nur zehn Jahre ins Gefängnis kam, das Bild eines unpolitischen Berufsoffiziers aufbaute, der für die Verbrechen des NS-Regimes keine Verantwortung trage, und sein Leben irgendwo in Norddeutschland als Rentner ruhig beenden durfte.

Jedenfalls kapitulierte das Großdeutsche Reich, und am 8. Mai 1945 war der Krieg vorbei.

Meine Mutter und ich hörten es von unseren Nachbarn, denn wir hatten kein Radio. War jetzt Frieden, und war Frieden so, wie meine Mutter manchmal gesagt hatte? «Frieden ist, wenn der Fleischer fragt, darfs ein bisschen mehr sein?»

SPLITTER SAMMELN

Heute ist der 5. März 2022, und seit Tagen und Wochen sind meine Gedanken und Gefühle dort, wo gerade Unglaubliches und Unbegreifliches geschieht: Krieg!

Seit dem 24. Februar herrscht Krieg in seiner schlimmsten, brutalsten Form keine drei Flugstunden entfernt von meinem Zuhause. Das Russland Wladimir Putins überfiel den Staat Ukraine, und jetzt, in diesem Moment, während ich dies schreibe, detonieren Bomben, Raketen, sterben Menschen, Soldaten, Zivilisten, Frauen und Kinder.

Wohl ist es wahr: Unsere Welt ist nie eine friedliche gewesen. Die Bilder aus dem Jemen, aus Syrien oder Afghanistan sind genauso entsetzlich. Doch hier und jetzt, mitten in Europa – es gleicht dem Überfall Nazi-Deutschlands auf seinen Nachbarn Polen 1939 mit all seinen bekannten, schrecklichen Konsequenzen. Ich bin sicher nicht allein mit der Angst, dieser Überfall könnte wieder zu einem Weltkrieg führen. Und plötzlich sind sie wieder da, die Erinnerungen aus meiner Kindheit. Als jener Krieg im Herbst 1939 begann, war ich vier Jahre alt. Schon ein Jahr später gab es die ersten Bombenangriffe der englischen Luftwaffe auf meine Heimatstadt Berlin. Wenn ich jetzt Bilder aus den ukrainischen Städten sehe, wie sich die Menschen in Keller und U-Bahnhöfe zu retten versuchen, dann höre ich die Stimme meiner Mutter: «Jungchen, aufstehen, wir müssen in den Keller!» Erst viel später, nach Ende des Krieges, erzählte sie mir, wie sehr ich mich, aus dem Schlaf gerissen, gewehrt hätte, geweint und geschrien, um nicht in den Keller zu müssen.

Die Bombenangriffe gehörten bald zu unserem Alltag. In den Anfängen kamen die Flugzeuge der Royal Air Force nur nachts, immer angekündigt durch den Alarm der Sirenen. Doch ich erinnere mich auch an eine Nacht ohne Alarm mit einer gewaltigen Explosion in unserer Nähe. Zitternd standen meine Mutter und ich im Türrahmen des Schlafzimmers, dem angeblich sichersten Punkt in unserer Wohnung. Am nächsten Morgen konnten wir dann sehen, dass quasi vis-à-vis in der Besselstraße ein Haus vollkommen zertrümmert worden war.

An vielen Tagen fiel die Schule aus, für meine Freunde und mich die spannende Gelegenheit, auf die Suche nach Granatsplittern zu gehen. Jeder von uns hatte eine Blechdose zum Sammeln, und es wurde begutachtet und getauscht. Es gab sogar Jungs, die genau sagen konnten, von welcher Art Bombe dieser oder jener Splitter stammte.

Doch all diese Nächte im Keller unseres Hauses, im Halbdunkel hockend und auf die Detonationen wartend, sich duckend bei einem nahen Einschlag und gleichzeitig aufatmend, dass es nicht unser Haus getroffen hatte, sie haben mich bestimmt geprägt. Was machte das mit mir und was wird das mit den Kindern in den ukrainischen Städten machen?

Die Luftangriffe verstärkten sich, zumal nun auch die USA im Krieg mit Deutschland waren. 1943 wurde von den Behörden angeordnet, dass Mütter mit ihren Kindern die Städte zu verlassen hätten. Evakuierung hieß das, und wenn eine Mutter nicht selbst etwas auf dem Lande fand, wo sie unterkriechen konnte, wurde sie mit den Kindern zum Beispiel in den Warthegau verfrachtet, einem Teil des besetzten Polen. 1945 gehörten dann diese Mütter und Kinder zu den trostlosen Trecks der Flüchtlinge Richtung Westen.

Das blieb uns erspart, und ich bin meiner Mutter noch heute dankbar, dass sie, durch wen oder was auch immer, uns in dem kleinen Dorf Niederwürschnitz im Erzgebirge eine sichere Bleibe verschaffte.

HUNGERWINTER

Wenn all diese Geschichten aus meiner Vergangenheit, an die ich mich erinnere und die ich hier aufschreibe, gedruckt sind – der Krieg in der Ukraine wird hoffentlich vorbei sein, so oder so.

Heute schreibe ich ein weiteres Mal über meine Kindheit, und meine Gedanken gehen – und nicht nur heute – zu diesem grauenhaften Krieg. Wird er sich ausbreiten? Gibt es einen Dritten Weltkrieg? Ich habe schlimme Erinnerungen an den Zweiten, und nun stelle ich mir diese Frage – und das im 21. Jahrhundert.

In den Medien sah ich einen Jungen, der so alt war wie ich damals, und der sich in einem Bahnwaggon in der Tiefe eines U-Bahnhofs seine Ecke eingerichtet hatte ...

Bei dem Großangriff am 3. Februar 1945 auf die Innenstadt Berlins mit Luftminen, Spreng- und Brandbomben wurde die Kanalisation zerstört. Viele Menschen ertranken in den Schächten, in denen sie meinten, sicher zu sein.

So erzählte man es meiner Mutter und mir.

Wir standen vor der Friedrichstraße 214. Das Haus, in dem unsere Wohnung gewesen war, gab es nicht mehr. Auch die Häuser daneben waren zerstört. Nur das Eckhaus an der Kochstraße stand noch.

Wir kamen im Sommer 1945 zurück nach Berlin. Trotz massiver Zerstörung funktionierte der Anhalter Bahnhof noch irgendwie. Meine Mutter hatte es geschafft, ihr Fahrrad im Zug mitzunehmen und auch einen vierrädrigen Bollerwagen, beladen mit unserem Gepäck. Nun schob sie ihr Rad, und ich zog mit einer Hand die Karre und klammerte mich mit der anderen an ihre Hand. Auf dem Bahnhofsvorplatz waren viele Menschen, auch russisches Militär. Einer der Soldaten kam auf meine Mutter zu und versuchte, ihr das Fahrrad wegzunehmen. Woher nahm meine Mutter den Mut, lautstark den Kerl so zur Sau zu machen, dass er sich ohne einen Mucks verdrückte?

Brachten wir unsere Habe erstmal in die Zimmerstraße zu Tante Ida, bei der wir unterkriechen konnten, bevor wir zur Friedrichstraße gingen? Ich weiß es nicht mehr. An den Moment vor dem Haus, vor dem nicht mehr existierenden Haus, erinnere ich mich vor allem deshalb, weil meine Mutter so sehr weinte.

Wir bezogen dann ein mehr oder weniger möbliertes Zimmer im halbzerstörten Vorderhaus in der Zimmerstraße, organisiert von Tante Ida, deren Wohnung im Hinterhaus heil geblieben war und in deren Küche meine Mutter kochen konnte. Neben unserem Zimmer gab es noch ein Zimmer, in dem zwei sehr nette Frauen wohnten, die, wie ich lernte, Prostituierte waren und mich in ihr Herz schlossen. Wenn es regnete, tropfte es bei ihnen durch die Decke. Sie stellten Schüsseln und Töpfe auf, um die Tropfen aufzufangen: ein Konzert der besonderen Art.

Im Herbst dieses Jahres – ich spielte vor dem Haus –, stand plötzlich mein Vater vor mir. Er sah gut aus, gar nicht so wie später mein Filmvater in *Irgendwo in Berlin*, der elend und abgerissen heimkehrte. Doch er war mir fremd. Nur zwei Mal hatte ich ihn für einige Tage während der sechs Kriegsjahre gesehen. Und an seinen kurzen Urlaub, als er nach Niederwürschnitz gekommen war, kann ich mich überhaupt nicht erinnern.

Wir gingen über den Hof, ich pfiff unseren Familienpfiff für Mutter. Sie sah uns durch die offene Wohnungstür die Treppe heraufkommen, und ich hörte, wie sie sagte: «Ach du liebe Zeit!»

Ich stutzte, ich hatte wohl eine andere Begrüßung erwartet. Warum erinnere ich mich so genau daran? Mir dämmerte, dass Mutti und Vati nicht so ein tolles Paar waren, wie ich es mir wünschte. Doch es war spannend und eindrucksvoll, was mein Vater uns von seiner Zeit in Frankreich erzählte, vor allem über die Zeit, nachdem die Alliierten an den Küsten gelandet waren. Er hatte sich mit einigen Franzosen in der Hafenstadt angefreundet. Als sich herausstellt hatte, dass sie zur Résistance gehörten, hatte er nicht gezögert, zu helfen. Offenbar hatte er ihnen wichtige Informationen geben können, was dann dazu führte, dass die Festung St. Nazaire nahezu kampflos von den Partisanen erobert werden konnte. Er überlebte das alles, und seine Beziehung zur Résistance, möglicherweise auch zum französischen Geheimdienst, hatte ihm die Gefangenschaft erspart. Er war sogar in Paris gewesen und hatte begeistert erlebt, wie die Franzosen am Nationalfeiertag auf den Straßen tanzend das Ende des Krieges gefeiert hatten. Natürlich machte das alles großen Eindruck auf mich, aber ich war auch irritiert und überfordert, als er mir unter vier Augen sagte, er sei eigentlich nur meinetwegen nach Hause gekommen.

Die Ehe meiner Eltern hielt noch knappe zwölf Jahre und sie hielt nur mit viel Mühe und auch viel Not. Meine Beziehung zu meiner Mutter war über die Kriegsjahre naturgemäß eine sehr nahe geworden. Ich war ihr engster Vertrauter, und je schwieriger das Leben zu Hause wurde, umso kritischer und distanzierter entwickelte sich das Verhältnis zu meinem Vater. Es verschlechterte sich noch mehr nach der Scheidung meiner Eltern, und wir haben es erst wenige Jahre vor seinem Tod geschafft, einige offene und gute Gespräche zu führen.

1945 stand uns ein harter Winter bevor. Dieser und erst recht der Winter 1946/47 gingen als Hungerwinter in die Geschichte ein. Man schob Kohldampf; die Rationen, die zugeteilt wurden, waren kläglich.

Meine Mutter tauschte ihre goldene Armbanduhr auf dem Schwarzen Markt gegen Lebensmittel. Dabei war auch ein Schokoriegel, der dann fein säuberlich in schmale Streifen geschnitten wurde.

Auf der Suche nach Brennbarem kletterte ich in den Trümmern herum und irgendwann entdeckte ich einen hölzernen Balken. Mit vereinten Kräften schleppten wir ihn in unseren Hof, zersägten ihn, und für eine Weile hatten wir genug Holz zum Heizen.

Aber wir hatten Glück: Wir wussten, dass wir in Schöneberg, im amerikanischen Sektor, eine Wohnung zugeteilt bekommen würden. Dort zogen wir im Februar 1946 ein. Ab da erinnere ich mich auch, Schulunterricht gehabt zu haben. An die Schule in Niederwürschnitz habe ich keinerlei Erinnerung, wobei die letzten Monate dort und das erste halbe Jahr in Berlin wohl gar keine Schule für mich stattfand. Dann war ich auch eine Zeit lang auf der Schule in Stadtmitte, in der Oberwallstraße, aber dort wurde ich beurlaubt für die Filmarbeiten. Danach besuchte ich kurz die Volksschule in meiner Straße in Schöneberg, bestand die Prüfung für die Oberschule und war bis zur 10. Klasse Schüler der Falkschule in der Lützowstraße. Dort ging ich gerne hin und hatte auch Glück mit meinen Lehrern. Unserem Direktor, der als alter Sozialdemokrat während der Nazizeit nicht hatte arbeiten dürfen, war es wohl zu verdanken, dass wir Lehrer hatten, die sich nicht scheuten, mit uns über das «Dritte Reich» zu diskutieren. Es gab heftige Auseinandersetzungen, und es war deutlich zu spüren, dass einige meiner Klassenkameraden unbelehrbare Eltern hatten.

Ich verließ die Schule in der 10. Klasse, um die Schauspielschule zu besuchen. Originalton des Direktors: «Knetschke, auch ein Schauspieler kann ein Abitur gebrauchen!»

MEIN KIEZ, DIE FRIEDRICHSTRASSE

Es ist Sommer, und ich flaniere in Gedanken die Berliner Friedrichstraße entlang. Ich bleibe an der Weidendammer Brücke stehen und schaue hinüber zum BE, dem Theater am Schiffbauerdamm, in dem ich meine allerersten Schritte auf einer Theaterbühne gemacht habe.

Fünf Freunde und Onkel Demetrius hieß das russische Stück für Kinder. Ich spielte den Jüngsten der fünf und war so etwas wie ein musikalisches Medium. Ich hatte eine metallene Haube auf dem Kopf, und mit Hilfe der Technik war es möglich, die Klänge in meinem Kopf für alle hörbar zu machen. Durch die Kraft der Musik wurde aus einem schlechten Menschen ein guter – das war die Botschaft des Stücks.

Auch in Goethes «Groß-Cophta» war ich dabei. Ich spielte den Pagen eines Domherrn und hatte in dieser Funktion den Groß-Cophta anzukündigen, der von dem sehr angesehenen Walter Süßenguth gespielt wurde. Ich weiß nicht mehr, wie und wodurch es passierte, dass ich eine Vorstellung von «Groß-Cophta» schlicht und einfach vergessen hatte. Das Theater konnte mich nicht erreichen, weil wir kein Telefon hatten. Was die Sache besonders schlimm machte: Ich hatte Proben für *Emil und die Detektive* am Berliner Hebbel-Theater, und unser Regisseur war eben jener Walter Süßenguth. Ich schlich zur nächsten Probe, und es passierte genau das, wovor ich mich fürchtete. Süßenguth fing mich ab, und da stand ich kleiner Kerl vor diesem auch körperlich großen Mann und eine gewaltige Schimpfkanonade prasselte auf mich herab. Das ist jetzt über siebzig Jahre her, und nie wieder habe ich mich so von einem Regisseur anbrüllen lassen – und ich habe mir auch nie wieder wie damals in die Hose gepinkelt.

Ich schlendere weiter die Friedrichstraße hinunter, kreuze den Prachtboulevard Unter den Linden und bleibe an der Ecke Leipzigerstraße stehen. 1946 gab es hier die Haltestelle der Straßenbahn 74, und genau hier war es, wo mich der Filmregisseur Gerhard Lamprecht ansprach, in dessen Film *Irgendwo in Berlin* ich dann eine der Hauptrollen spielen sollte. Es war eine schicksalhafte Begegnung, und sie bestimmte mein ganzes späteres Leben.

Ich gehe weiter, werfe einen Blick in die Schützenstraße, wo gerade vor einem meiner Berliner Lieblingsrestaurants, dem «Entrecôte», Tische und Stühle auf die Straße gestellt werden für die ersten Mittagsgäste. Unzählige Male habe ich dort mit Freunden oder meinen Kindern gut gegessen und getrunken.

Fünfzig Meter weiter ist die Stelle, die seit der Teilung der Stadt «Checkpoint Charlie» heißt, der Übergang vom Westen in den Osten, seltener umgekehrt damals.

Etwas weiter, an der Ecke zur Kochstraße, stand in meiner Kinderzeit immer ein Schupo, ein Schutzpolizist. Ach ja: mit dem Finger auf den Schuh, dann auf den Po zeigen, auf den Hals und auf den Mund: «Schuh – Po – Hals – Maul!» Dann prusteten wir Kinder los und kriegten uns vor Lachen über den Wortwitz kaum ein. Dieser Schupo aber an der Kochstraße war ein freundlicher Mann. Meine Mutter unterhielt sich manchmal mit ihm und dankte ihm wohl auch, dass er mir Sechsjährigem für die wenigen Meter zur U-Bahnstation ein Zeichen gab, wenn ich mit Badehose, Handtuch und Stullenpaket am Straßenrand stand, um hinaus ins Schwimmbad Olympiastadion zu fahren. Manchmal war auch meine gleichaltrige Freundin Helga mit dabei, die Tochter des Gemüsehändlers vis-à-vis. War ich am U-Bahnhof «Reichssportfeld» angekommen, warf ich zwei Groschen in den Fernsprechautomaten, wählte unsere Nummer, und meine Mutter war beruhigt. Am Nachmittag kamen unsere Mütter dann meist nach.

Ein paar Schritte weiter stehe ich vor dem Haus Nr. 214, das jetzt so aussieht, wie die Häuser aus den Fünfzigerjahren eben so aussehen. Damals, vor dem Krieg, ist es ein schönes Haus mit einer Fassade aus der Gründerzeit und mehreren Innenhöfen gewesen. Im Vorderhaus gab es ein Musikkonservatorium, und ich hatte dort sogar Klavierunterricht. Ich war ein musikalisches Kind, aber es war wohl eher die Schelllackplatten-Sammlung meiner Eltern, die meine Liebe zur Musik förderte.

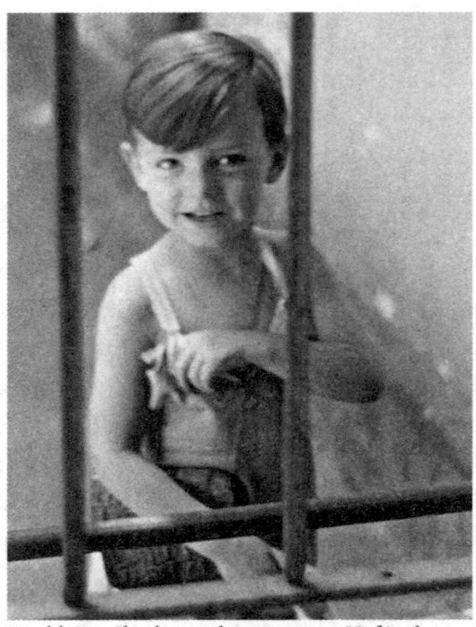

Der kleine Charles guckte gern vom Hof in das Fenster der Fotoagentur – und so wurde er eben auch mal fotografiert.

Das Bild meiner weinenden Mutter, als wir nach dem Krieg aus Sachsen zurückkamen und vor den Ruinen unseres früheren Hauses standen – ich habe es wieder vor Augen. Als zehnjähriger Junge begriff ich noch nicht, dass es ein großes Glück bedeutete, am Leben geblieben zu sein, trotz des Schmerzes über alle Verluste. Wir hatten das Ende des Krieges in einem relativ sicheren Refugium überlebt. Und nun waren wir in Berlin, waren am Leben, und konnten, trotz der Zerstörung um uns herum, trotz allen Elends und Hungers, versuchen, mit diesem Leben etwas anzufangen.

Die paar Schritte zum Belle-Alliance-Platz, dem heutigen Mehringplatz, der damals ein eindrucksvolles Rondell war, gehe ich nicht mehr weiter. Dort gab es vor dem Krieg einen riesigen Sandkasten, zu dem mich meine Mutter oft zum Spielen mit Eimerchen und Schaufel mitnahm. Vielleicht hat damals auf einer dieser Bänke Gottfried Benn sich eine Pause gegönnt. Nicht weit davon, in der Belle-Alliance-Straße, hatte der von mir verehrte Lyriker seine Arztpraxis. Von vielen Texten, die das Ende des Krieges beschreiben, gehören seine Briefe aus den Jahren 1944/45 für mich zu den eindrücklichsten Dokumenten.

PUTZI, HOTTE UND DIE ANDEREN

Es ist für mich ein großes Glück, heute hier vor meinem Baselbieter Haus an einem Tisch zu sitzen, die Stille und Ruhe zu genießen, die nur von einem kleinen Wind gestört wird, der die Blätter unserer Birken zum Rascheln bringt. Es ist Juli, mein Geburtstagsmonat. Auch das ist ein Glück für mich, bei guter Gesundheit ein so hohes Alter erreicht zu haben. Ob es die Gene sind, die mir vielleicht sogar erlauben, so alt wie meine Mutter zu werden, wer weiß das schon? Jedenfalls hat sie versucht, bis zu ihrem Tod mit 101 Jahren ihr Leben zu genießen. Leicht war es nie, von Beginn an schon nicht. Die Kinderjahre verbrachte sie bei ihren Großeltern; als junges Mädchen aus Stettin zog sie nach Berlin, das Berlin der Zwanzigerjahre, und hoffte, dort ihr Glück zu machen. Diese sogenannten «Goldenen Zwanziger», die für viele Menschen so gar nicht golden waren und die letztlich in eine Diktatur und in einen Weltkrieg mündeten. Dies zu schreiben und dabei nicht an die Gegenwart zu denken, ist schier unmöglich. Es ist trostlos, zu erleben, dass die Menschheit trotz allem Wissen und Können, trotz kluger Warnungen dabei ist, die Erde, unsere wunderbare Erde, durch Ausbeutung der Natur, durch Gier und Krieg zu zerstören. Erich Kästner hatte nach dem Zweiten Weltkrieg resignierend festgestellt, dass er zwar um die Dummheit der Menschen wisse, aber gehofft habe, dass wenigstens die Dummheiten wechselten, doch es sei leider bei den alten Dummheiten geblieben. Ich bin sicher, er würde heute sehr viel schärfere Worte wählen.

In meiner Schulzeit war Geschichte neben Deutsch mein Lieblingsfach. War mein Interesse dadurch entstanden, dass um mich herum so viel Geschichte passierte? Als Kind ging man unbeschwert damit um. Aber ich wollte vielleicht immer schon wissen, was denn da vorher gewesen war, vor meiner Geburt, vor der Zeit meiner Eltern und noch viel weiter zurück, vielleicht bis zu den ersten Menschen.

Bis mir mit fünfzehn Jahren vage in den Sinn kam, dass der Beruf des Schauspielers möglicherweise etwas für mich sein könnte, hatte ich immer den Wunsch gehabt zu studieren, Geschichte oder Archäologie. Doch vielleicht bilde ich mir das auch nur ein, denn im Rückblick frage ich mich, wie das denn hätte gehen sollen. Ich war ein guter Schüler, aber in meinem Abiturjahr wäre ich 21 Jahre alt gewesen; die Kriegsjahre hatten die Schulzeiten ganz und gar durcheinandergebracht.

Es gab in Berlin einige Jugendliche, die ebenso früh mit der Schauspielerei in Berührung gekommen waren wie ich, zum Beispiel Ernst Jacobi oder Horst Buchholz. Auch bei ihnen hingen keine Gainsboroughs im Elternhaus, beide kamen aus einfachen Verhältnissen und beide haben als Schauspieler Karriere gemacht.

Ich lernte Horst 1948 im Hebbel-Theater beim Stück *Das Floß der Medusa* von Georg Kaiser kennen, die Geschichte von dreizehn Kindern, die auf einem Rettungsboot um ihr Überleben kämpfen, nachdem ihr Dampfer von einem Torpedo getroffen worden und gesunken war. Horst war damals schon gut im Geschäft, glaube ich, vor allem in den Berliner Synchronateliers. Wir haben auch noch einmal wochenlang im Hebbel-Theater miteinander ein Stück geprobt, das nie eine Premiere erlebte.

Mit Ernst Jacobi, den ich auch als Jugendlicher schon kannte, spielte ich zusammen in Egon Monks Inszenierung von Schillers *Räubern* und hatte mich mit ihm und allen anderen Kollegen dem Zorn des Hamburger Publikums zu stellen,

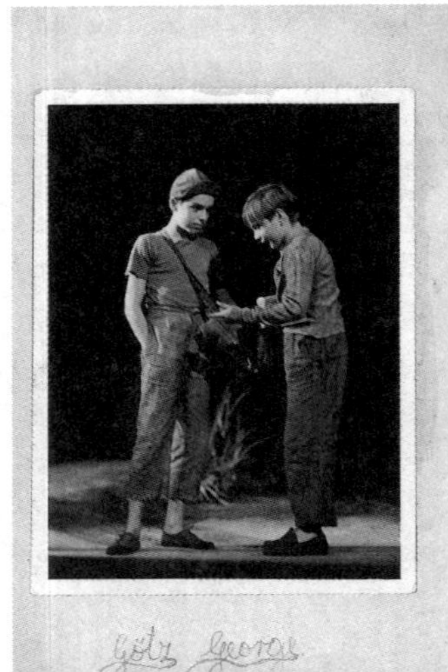

Götz George

Lieber Charly,
das war die erste Rolle, die
wir zusammen gespielt haben.
Hoffentlich bleibt's dabei!
zur Erinnerung an
Deinen
Jonny = Putzi
Berlin, Okt. 13.50.
im Hebbel Theater.

Zur Erinnerung an
unsere „Spielerei" im „Floß
der Medusa" und als
munteres (B)Engel im „Paradies"
(Wir spielen es ganz bestimmt noch!)
Verbleibe stets als Dein
Freund
Horst Buchholz
November 52

Poesiealbum von 1948 bis 1953 – Erinnerungen an Kollegen aus jener Zeit, wie hier an Putzi – Götz George – oder an Hotte – Horst Buchholz dem es gar nicht gefiel, was da auf der Bühne stattfand. Ernst ist im Juni 2022 gestorben. Er war ein großartiger Schauspieler, und ich hatte ihn sehr gern.

Götz George wuchs in einem ganz anderen Elternhaus auf: Seine Eltern waren Heinrich George und Berta Drews, beides berühmte Schauspieler. Sein Vater kam gleich nach Ende des Krieges in einem russischen Internierungslager zu Tode. Seine Mutter lernte ich im Hebbel-Theater bei William Saroyans *Mein Herz ist im Hochland* kennen. O. E. Hasse spielte die Hauptrolle, er hatte im Stück einen zwölfjährigen Sohn, das war Götz, und es war sein erster Theaterauftritt. Mama Drews, die nicht mitspielte, saß in der Bühnengasse als Aufpasserin ihres Sohnes, den wir alle «Putzi» nannten. Ich war drei Jahre älter und hatte mit ihm eine längere Szene, in der wir uns auch einen Fußball zuspielten. In einer der Vorstellungen erlebten wir beide unseren ersten Theaterskandal: Einige Zuschauer erbosten sich lauthals, was dieses amerikanische Zeugs denn solle, und plötzlich ging es pro und kontra hoch her im Zuschauerraum. Wir beide schoben stumm und hilflos den Ball hin und her, und Mama Drews zischte uns aus der Gasse zu, ruhig zu bleiben und weiter zu spielen.

Bei meinem ersten Schimanski-*Tatort* haben wir uns daran erinnert und uns über unser Wiedersehen gefreut.

«Dem Mimen flicht die Nachwelt keine Kränze.» Dieses Zitat aus dem Prolog von Schillers *Wallenstein* hat Berühmtheit erlangt. Daran ist viel Wahres. Oft ist mir aufgefallen, als ich älter wurde, wie wenig jüngere Kollegen wissen oder wie wenig Interesse sie an dem haben, was vor ihrer Zeit am Theater geschah, welche Schauspieler wichtig und prägend gewesen waren. Manfred Krug und ich drehten einmal eine Szene für unseren *Tatort* in einem Hamburger Laden, der antiquarisch Hefte und Postkarten verkaufte, unter anderem einen ganzen Stapel alter Schauspieler-Autogrammpostkarten. Ich machte mir einen Spaß und fischte eine Karte mit dem Konterfei Heinrich Georges heraus, hielt den Namen bedeckt und zeigte sie fragend in die Runde. George war einer der bedeutendsten Schauspieler in Film und Theater seiner Zeit gewesen, berühmt und sehr bekannt. Keiner aus dem Team kannte ihn. Ich glaube, es war einer der beiden Kamera-Assistenten, der vor sich hinmurmelte: «Der hat 'ne Ähnlichkeit mit Götz George.» Wir haben gelacht, aber es hat mich auch nachdenklich gemacht.

Es ist klar, dass im Vergleich zu Schillers Zeiten, aber auch bei uns heute, das Theater schon lange nicht mehr die Bedeutung hat, die es einst hatte. Film und Fernsehen sind an seine Stelle getreten. Über YouTube könnte man sich, so man denn will, auf seinem PC oder Smartphone ganz alte Kamellen des Films oder auch alte Theateraufführungen anschauen. Ob es dabei Kränze zu verteilen gibt, ist die Frage, denn Theateraufführungen und auch Filme altern, sie sind ein Ausdruck ihrer jeweiligen Zeit.

In meinen Bücherregalen stehen einige Meter Theaterliteratur, vor allem aus der Zeit bis 1933. Es ist köstlich zu lesen, was Theodor Fontane, was Alfred Kerr oder Siegfried Jacobsohn über das Theater geschrieben, was sie gelobt, gelitten haben. Ich bin weit davon entfernt zu denken, früher sei am Theater alles besser gewesen. Theater heißt Wandel, ist ein Spiegel der Zeit. Und immer wird es prägende Aufführungen mit großartigen Schauspielerinnen und Schauspielern geben. Denn ich bin sicher, was auch immer auf dieser Welt geschieht, Theater wird es ewig geben, weil die Lust zu spielen bleibt, solange es Menschen auf dieser Welt gibt.

STRASSENFEGER

«Herr Brauer, es ist zehn Uhr!»

Nicht nur das energische Klopfen an der Tür meines Zimmers, auch die unangenehme Stimme meiner Wirtin ließ uns zusammenzucken. In jener Zeit war es gesetzlich verboten, als Untermieter nach zehn Uhr abends noch Besuch zu empfangen, egal ob Männlein oder Weiblein. Die Vermieterin hätte sich als Kupplerin strafbar machen können – so war das 1954. Also ging ich mit meinem neuen Kumpel in die nächste Kneipe, um weiterzureden. Zu reden gab es viel, denn seit einigen Wochen saß der Schauspielschüler Charlie in Hamburg und versuchte, dort Fuß zu fassen.

Am Silvestertag hatte ich in Berlin mit gepumptem Geld eine Fahrkarte erstanden und war auf dem Weg nach Hamburg auch gleich von einem DDR-Zöllner aus dem Zug geholt worden, weil ich illegal Ostgeld besaß. Treuherzig hatte ich das angegeben, um im Speisewagen etwas zu essen. Das Geld wurde beschlagnahmt, was man mir mit Formular und Stempel bestätigte. Mit dem Westzoll kam der nächste Schrecken. Ich muss einen so konfusen Eindruck gemacht haben, dass ich aufgefordert wurde, meinen Koffer zu öffnen.

In Hamburg angekommen, erfuhr ich, dass sich der eigentliche Grund meines Kommens erledigt hatte: Das Theater im Zimmer hatte beschlossen, das Stück, in dem ich mitspielen sollte, nun doch nicht zu bringen. Meine Reise angezettelt und mich aus Berlin weggelockt hatte der ältere Kollege und Freund Eric Schildkraut, der Sprössling einer berühmten Theaterdynastie, der 1933 aus Deutschland geflohen und nach Exil-Jahren in Holland, Belgien, Frankreich, der Schweiz und Palästina 1951 zurückgekehrt war.

Nun, ich war kein Neuling mehr und hatte schon erfahren, dass dieser Beruf auch Enttäuschungen bereithielt. Doch ich hatte auch Glück, weil ich einige Zeit in der schönen Atelierwohnung meiner Freundin und Wohltäterin Lilo Winterstein wohnen konnte. 14 Jahre älter als ich, war sie das, was man eine Star-Fotografin nannte und fotografierte gerade bei einem Film in München. Wir hatten uns 1952 bei den Dreharbeiten zu *Kampf der Tertia* in den südlich von Hamburg gelegenen Filmstudios Bendestorf kennengelernt und ineinander verliebt. Sie war es denn auch, die mich dazu brachte, nicht so viel Zeit mit der Schule zu verlieren und stattdessen eine Schauspielschule zu besuchen. Ich glaube, ich hatte damals keine Ahnung, dass es so etwas wie eine Schule für Schauspiel überhaupt gab.

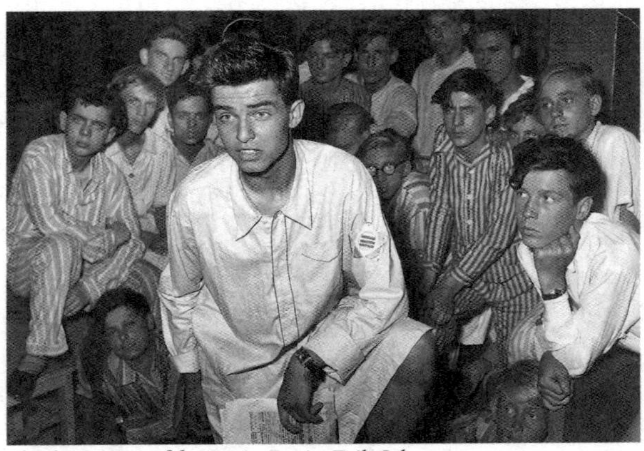

Charles in *Kampf der Tertia*, Regie: Erik Ode, 1952

Einer der älteren Jungen bei *Kampf der Tertia* war Schüler der 1951 als Theaterschule des Landes Berlin gegründeten Max-Reinhardt-Schule. Horst Köppen vermittelte mir ein Gespräch mit der Leiterin, der bekannten Bühnen- und Filmschauspielerin Hilde Körber.

Das Treffen sollte in ihrer Wohnung stattfinden, im kalten, verschneiten November 1952. Horst brachte mich hin und wollte auf der Straße auf mich warten. Als ich nach einer Stunde noch immer nicht wieder unten war, entschloss er sich, halb erfroren wie er war, zu klingeln. Er soll mich lässig im Sessel hängend vorgefunden haben und offenbar in dickem Einverständnis mit seiner Direktorin.

Am 1. Dezember begann mein Probemonat, und ich betrat die heiligen Hallen der Schule, einer Villa in der Richard-Strauss-Straße im noblen Stadtteil Grunewald. Obwohl ich vermutlich der einzige Schüler war, der schon Filme gedreht und Theater gespielt hatte, war ich mächtig beeindruckt von allem, was ich sah und kennenlernte.

Meine erste Begegnung ist mir unvergesslich. Es gab auch in dieser Schule eine Schulspeisung, meist eine Art Suppe. Am ersten Tag kam mir dort ein gutaussehender junger Mann entgegen, schwarze Hose, schwarzer Pulli, schwarze Bürstenfrisur, schwarze Hornbrille, in der linken Hand das Oberteil eines Kochgeschirrs. Er gab mir von oben herab seine Rechte und sagte sehr dezidiert: «Jean Denis.» Ich glaube, ich bin in den Knien ein wenig eingeknickt. Aber dieser Jean, der eigentlich Jochen hieß, gehörte zu den Wenigen, die von der Schauspielschule bis zum Tod in diesem Beruf tätig blieben. Scheitern oder Erfolg haben sind die zwei Seiten der Medaille dieses Berufs.

Ich bestand den Probemonat, blieb bis zu meiner Hamburg-Reise 13 Monate auf der Schule und spielte daneben sogar noch an zwei Privattheatern, einmal unvergessen mit und unter der Regie von Ettore Cella, dem Schweizer mit italienischen Wurzeln.

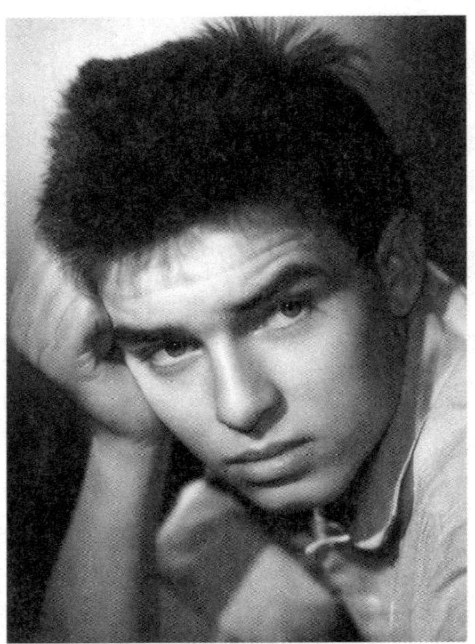

Sweet Seventeen» — mein erstes wirklich professionelles Portrait von der damals sehr bekannten Fotografin Lilo Winterstein

In Hamburg angekommen und ohne Aussicht auf Arbeit, stand ich nun da mit meinem Talent. Einmal hier, so dachte ich, werde ich versuchen, überall und allen vorzusprechen, ob sie es nun hören wollen oder nicht. Eine Mikrofonprobe beim NWDR – zum Jahreswechsel 1955/56 wurden dann die beiden selbständigen Rundfunkanstalten NDR und WDR gegründet – gehörte dazu, auch eine sogenannte Kameraprobe, Vorsprechen am Thalia-Theater und am Jungen Theater, dem heutigen Ernst Deutsch Theater. Ich hatte Glück, es gab erste Engagements beim Rundfunk, und im Frühjahr 1954 erhielt ich ein Angebot für eine Rolle in einem kleinen Fernsehfilm. Genau genommen war es ein Werbefilm, der Menschen für das Zelten interessieren sollte. Ich spielte mit einer Kollegin ein Liebespaar beim Zelten. Kommentiert wurde es in Bild und Ton von dem bekannten Sportreporter Heinz Maegerlein, der auch berühmt wurde durch einen angeblich im Rahmen eines Ski-Rennens 1959 geäußerten, freilich nicht belegten Kommentar: «Tausende standen an den Hängen und Pisten.»

Im November spielte ich eine hübsche Rolle in dem Fernsehfilm *Armer Vater Philipp* mit Eduard Marks, der für mich noch so wichtig werden sollte. Alles, was zu jener Zeit als Fernsehspiel ausgestrahlt wurde, war live gespielt und gesendet, es gab noch keine technische Möglichkeit der Aufzeichnung. Und so mussten wir für eine Wiederholung von *Armer Vater Philipp* abermals vor die Kameras. Dafür gab es eine Extragage, und die konnte ich sehr gut brauchen.

Ich war aus meinem alten Untermietszimmer umgezogen in ein anderes Zimmer mit Telefonbenutzung. Dort erreichte mich ein folgenschwerer Anruf: Der Regisseur des Zeltfilmchens meldete sich und erzählte mir unter dem Siegel der Verschwiegenheit, der NWDR plane eine Serie. Nach dem Muster amerikanischer Serien würde man alle vierzehn Tage einer Familie mit all ihren Freuden und Nöten in die Wohnung gucken und quasi zu Gast bei ihr sein. Die Rollen von Mutter und Vater seien schon besetzt, man brauche noch einen zwölfjährigen Jungen und ein Mädchen in der Pubertät, deren älteren Bruder Heinz ich spielen solle. Im Herbst werde es losgehen, und vom NWDR käme bald ein Vertragsangebot, erst einmal für drei Monate. *Unsere Nachbarn heute abend – Familie Schölermann*, die erste Familienserie überhaupt im deutschen Fernsehen, startete am 29. September 1954. Hätte mir damals einer gesagt, dass sie bis 1960 in insgesamt 111 Folgen laufen werde, ich hätte ihn wohl für verrückt erklärt. Für mich war das fabelhaft, aus verschiedenen Gründen.

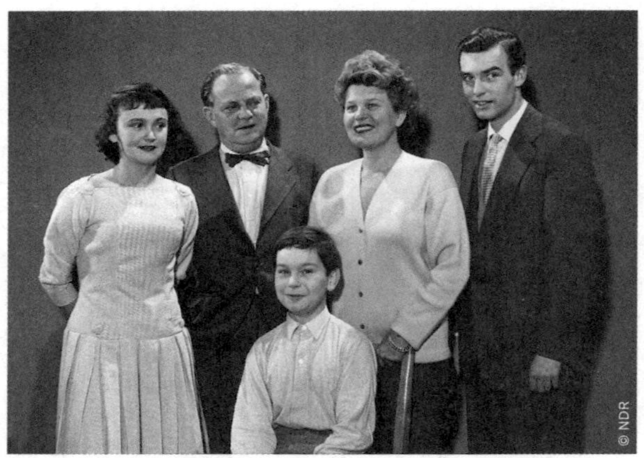

Margit Cargill, Willy Krüger, Harald Martens, Lotte Rausch, Charles Brauer in *Unsere Nachbarn heute abend – Familie Schölermann*

Es ist leicht zu verstehen, dass einer dieser Gründe das Geld war, das ich verdiente, um davon leben zu können. Doch es gab noch einen Grund, und auch der hatte mit Geld zu tun. Er betraf meine Leute in Berlin. Meiner Familie ging es nicht gut, denn es gab kein normales Einkommen. Aus bürgerlicher Sicht damaliger Zeit war mein Vater kein ordentlicher Mann. All sein Talent, seine Intelligenz, sein Charme hatten ihm nie zu etwas verholfen, was man Beruf nennen könnte. Nach einer trostlosen Kindheit, nach den wilden, verrückten Zwanzigerjahren kam die Nazizeit, deren Beginn er im Knast verbrachte, nachdem er sich mit SA-Leuten geprügelt hatte, um einen jüdischen Freund zu schützen. Im Krieg war er vom ersten Tag an Soldat, hatte aber immerhin das Glück, 1945 körperlich gesund und heil zurückzukommen. Alles, was er danach versuchte und machte, war, was man im Berliner Jargon «halbseiden» nannte. Er leitete Spielclubs, legale wie illegale, arbeitete als sogenannter Propagandist auf Märkten und war ständiger Gast in einem Laden für Pferdewetten auf dem Kurfürstendamm. Das hieß, mal gab es Geld zu Hause, mal – und

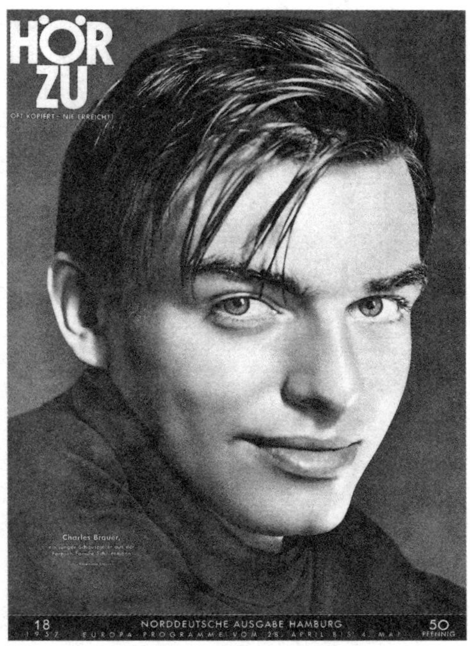

1957 – ein Titelfoto von Rosemarie Clausen

das des Öfteren – gab es keines. Die Jahre 1954/55, die für mich und meine Zukunft so bedeutsam waren, machten mich auch zum heimlichen Versorger meiner Familie. Jede Mark, die ich erübrigen konnte, schickte ich nach Berlin. Manches Mal auch an die Adresse der Nachbarin, damit meine Mutter das Geld ganz sicher in ihre Hand bekam. Letztlich und nicht überraschend erzwang meine Mutter 1957 die Trennung, und ich hatte die traurige Aufgabe, meinem achtjährigen Bruder zu erklären, warum Mutti und Vati sich scheiden ließen.

Das Hamburger Junge Theater war stolz darauf, sein dreijähriges Bestehen zu feiern, und wollte die Spielzeit 1954/55 mit *Oh, Wildnis!* eröffnen, der bekanntesten Komödie des Literaturnobelpreisträgers Eugene O'Neill. Man leistete sich mit

Hans Tügel einen renommierten Regisseur, vor allem aber sollten Eduard Marks und seine Frau, die Schauspielerin Annemarie Marks-Rocke, das Elternpaar darstellen. Ich hatte das große Glück, dass man mir die Hauptrolle, den Sohn Richard, anvertraute. Meine Abendgage, eine Vergütung der Probenzeit gab es nicht, betrug 5.- DM – in Worten fünf –, aber zusammen

Das Junge Theater

LEITUNG: FRIEDRICH SCHÜTTER · WOLFGANG BORCHERT

IM HAUSE DER „BRÜCKE" · HAMBURG 36 · NEUE RABENSTRASSE 13 · RUF: 446608

VERTRAG

~~Frau~~ / ~~Fräulein~~ / Herrn Charles Knetschke – Künstlername: Brauer

Hamburg 13

Rothenbaumchaussee 79

Hierdurch bestätigen wir unsere Vereinbarung, wonach Sie die Rolle des Richard in dem Stück "O Wildnis" von Eugene O'Neill im „Jungen Theater" übernehmen. Die Premiere soll ~~etwa~~ am 2. Okt. 1954 stattfinden.

Sie erhalten als Honorar einen Kollektivanteil, mindestens aber pro Vorstellung ein garantiertes Spielhonorar von DM 5.- (in Worten DM fünf).

Für eine zweite, am gleichen Tag stattfindende Vorstellung, in der Sie beschäftigt sind, erhalten Sie ebenfalls den Kollektivanteil, mindestens aber ein ebenfalls garantiertes ~~halbes~~ Spielhonorar von DM 5.- (in Worten DM fünf).

Der Kollektivanteil errechnet sich wie folgt: 35 % der Bruttoeinnahme abzüglich der Tantiemen werden als Kollektivanteil zu gleichen Teilen an alle Mitglieder des Ensembles ausgeschüttet.

Diese Vereinbarungen gelten für die Dauer der Aufführungen des oben genannten Stückes, mindestens aber vom 1. Okt. 1954 bis 31. Okt. 1954.

Sonstige Vereinbarungen:

Im übrigen gelten die Bestimmungen des Normalvertrages. Für alle Streitigkeiten aus diesem Vertrag soll entsprechend der Tarifvereinbarung zwischen dem Deutschen Bühnenverein und der Genossenschaft Deutscher Bühnenangehörigen an Stelle der Arbeitsgerichte das Bühnenschiedsgericht Hamburg bzw. auf Berufung das Bühnenoberschiedsgericht in Frankfurt/Main zuständig sein.

Hamburg, den 23. Sept. 1954

Unterschrift des Mitgliedes

Das Junge Theater

Friedrich Schütter

Wolfgang Borchert

mit dem vierzehntäglichen Honorar aus der Serie war ich finanziell ziemlich aus dem Schneider.

Es war ein guter und erfolgreicher Herbst für mich. Die *Familie Schölermann* kam unglaublich an und war eine Zeitlang das, was man einen Straßenfeger nannte. Sie erzielte regelmäßig Einschaltquoten bis zu 90 Prozent – beachtlich, selbst wenn man bedenkt, dass es zu jener Zeit nur ein Fernsehprogramm in der Bundesrepublik gab.

Viel wichtiger aber war für mich der Erfolg von *Oh, Wildnis!*.

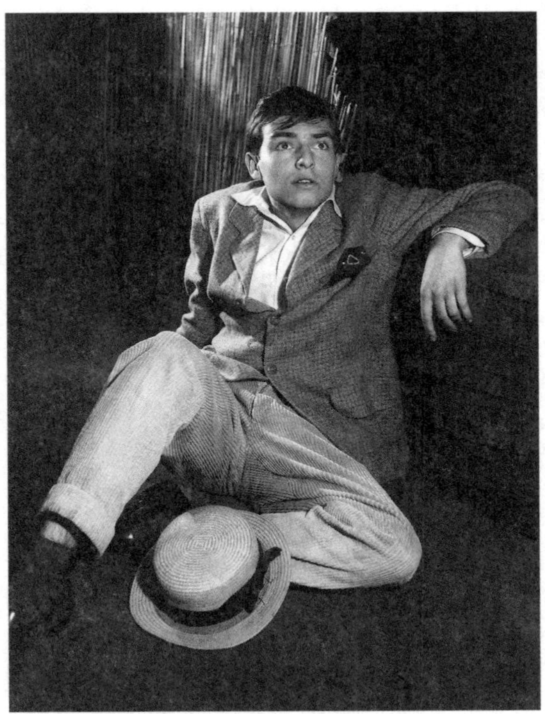

Charles Brauer als Richard in *Oh, Wildnis!*
von Eugene O'Neill, Regie: Hans Tügel, Junges Theater Hamburg, 1954

Es entstand eine freundschaftliche Nähe zu Annemarie und Eduard Marks. Er war es auch, der mich dem Regisseur Ulrich Erfurth ans Herz legte, was zur Rolle im Film *Reifende Jugend* und schließlich auch zum Engagement am Deutschen Schauspielhaus führte. Doch bis dahin sollten noch zwei Jahre vergehen. Der Vertrag für die Serie wurde immer wieder verlängert, und ich spielte auch noch einige Rollen am Jungen Theater.

Im Herbst 1955 kam ein außerordentlicher Brief ins Haus geflattert: Es war die Anfrage Egon Karters, ob ich Zeit und Lust hätte, an seiner Komödie, einem Privattheater in Basel, zu gastieren. Und ob ich das hatte!

So kam ich zum ersten Mal in meinem Leben in die Schweiz.

GIPFELI

Am 29. Dezember 1955 stieg ich im Hamburger Hauptbahnhof in den Zug nach Basel. Eine lange Fahrt lag vor mir, und ich hatte viel Zeit und Muße, auf die vergangenen Jahre zurückzuschauen.

Mein zweites Hamburger Jahr war vorüber, und bei allen Zweifeln, die einen immer begleiten, hatte ich doch das Gefühl, einen Fuß in diese Stadt gesetzt zu haben. Noch am vorherigen Tag hatte es im Fernsehen eine Live-Sendung der *Familie Schölermann* gegeben. Mittlerweilen bekamen wir waschkörbeweise Autogrammwünsche, und immer wieder wurde die Frage gestellt: «Ist das 'ne echte Familie oder sind das bloß Schauspieler?» Heute kaum zu glauben, aber es gab keinen Abspann mit unseren Namen. Meine geliebte Kollegin Lotte Rausch war die erste «Mutter der Nation» vor all den anderen, die später kamen, und ich erlebte zum ersten Mal, wie es ist, in einer Straßenbahn angestarrt oder sogar angesprochen zu werden. Es war verwirrend, aber auch angenehm zu spüren, dass die gezeigte Arbeit gemocht wird, Erfolg hat. Eigentlich war ja die Arbeit mit und vor den elektronischen Kameras wie Theaterspielen, nur dass die Kameras dem Schauspieler näher auf die Pelle rückten.

Natürlich habe ich dabei viel gelernt, aber viel wichtiger war für mich die Arbeit am Theater. Die Auseinandersetzung mit den verschiedenen Rollen, den Gefühlen und den Geschichten der Charaktere, die zu spielen, zu erleben waren, das war es, was diesen Beruf für mich zur Obsession machte.

In den beiden vergangenen Jahren hatte ich an verschiedenen Bühnen der Stadt interessante Rollen gespielt. Ein Gespräch mit Gustaf Gründgens sollte stattfinden mit der möglichen Aussicht auf ein Engagement am Deutschen Schauspielhaus. Ich hatte in einem Kinofilm mit bekannten Kollegen mitgespielt und war gerade mal 20 Jahre alt.

Wie gut erinnere ich mich an den Moment, als der Zug in Basel einrollte! Ich schaute aus dem Fenster und sah, was ich lange nicht gesehen hatte, erst recht, als ich auf den Bahnhofvorplatz trat: nichts Zerstörtes, keine Trümmer, prächtige Häuser und alte Bäume, blattlos zwar – es war Winter –, aber unversehrt.

Das Theater hatte mir in einer alten Villa ein Zimmer zur Untermiete besorgt. Für mich begann eine unglaublich aufregende Zeit. Ein fremdes Land, eine fremde Stadt, das mir damals noch fast unverständliche Baseldytsch, ein unbekanntes Theater und eine große schauspielerische Herausforderung. Jean-Paul Sartre hatte 1948 ein Stück geschrieben, das überall gespielt wurde: *Die schmutzigen Hände*. Es geht darin um den inneren politischen Kreis in einem kommunistischen Regime. Sartres Sicht war, wer Politik machen will, macht sich die Hände schmutzig. Hugo, ein junger idealistischer Mann, geht daran im Stück zugrunde. Das war meine Rolle, und wahrscheinlich war ich mit diesem komplizierten Charakter etwas überfordert. Doch ich habe mich wohl achtbar geschlagen, der Abend war erfolgreich. Unser Regisseur war der Direktor der Komödie, Egon Karter. Wir hatten nur vierzehn Tage Proben – für heutige Schauspieler nicht vorstellbar.

Knappe sechs Wochen war ich nur in Basel, dieser schönen Stadt, aber wie sehr habe ich diese Zeit genossen! Ein Frühstück mit Kaffee, der wirklich schmeckte, dazu unbekanntes Gebäck wie ein «Gipfeli» und, nicht zu vergessen: Ich leistete mir jeden Tag eine andere Packung Zigaretten. Im herrlich altmodischen Kinosaal des «Küchlin» auf dem Rang zu sitzen, zu rauchen und einen Film in Originalsprache sehen zu können – was für ein Vergnügen!

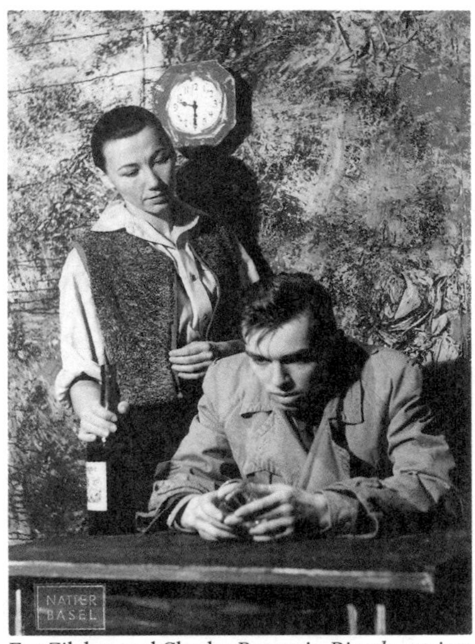

Eva Zilcher und Charles Brauer in *Die schmutzigen Hände* von Jean Paul Sartre, Regie: Egon Karter, Komödie Basel, 1956

Eines Abends kam nach der Vorstellung ein Herr hinter die Bühne, der sich mit dem Namen Oberer vorstellte und mir Komplimente machte. Er sei der kaufmännische Direktor des Zürcher Schauspielhauses und könne sich gut ein Engagement für mich dort vorstellen. Ich musste leer schlucken, das bedeutete wirklich eine Menge. In meinem Kopf jagten sich die Gedanken. Sollte ich noch länger auf einen Termin bei Gustaf Gründgens warten mit der ganzen Unsicherheit, ob er mir dann tatsächlich ein Engagement anbieten würde? Oder sollte ich die Gelegenheit beim Schopf packen und mich an ein so großartiges Haus wie die Pfauenbühne binden? Doch auch dort waren die Aussichten auf ein Engagement alles andere als gewiss. Ich zögerte einige Augenblicke. Dann antwortete ich Oberer, ich stehe kurz vor einem Gespräch mit Gründgens, worauf er die Hände hob und mir alles Gute wünschte. Nur war das mit Hamburg ja wirklich noch gar nicht in trockenen Tüchern – was wäre passiert, hätte ich Hamburg sausen gelassen und wäre nach Zürich gegangen? Mein Leben hätte vermutlich einen völlig anderen Lauf genommen. Solche Momente, in denen man an einem Scheideweg steht, sind in meinem Beruf nichts Ungewöhnliches, und mir sollte das noch einige Male passieren.

VERKNÄULT

«Haben Sie auch etwas weniger Verknäultes?»

Obwohl schon lange her, habe ich den Ton noch immer im Ohr, mit dem diese Frage leicht ironisch, genervt und fordernd zu mir auf die Bühne flog, auf die Probebühne im ersten Stock des Deutschen Schauspielhauses in Hamburg. Auf diese Probebühne war ich unerwartet und überraschend an einem Oktoberabend 1955 quasi katapultiert worden. Denn Gustaf Gründgens, der Generalintendant des Hauses, hatte kurz entschlossen entschieden, mir an diesem Abend mein lang ersehntes Vorsprechen zu gestatten.

Da saß er nun beinahe in Reichweite, der berühmte Mann, der mal von sich sagte, dass er, begegnete er seiner Fama auf der Straße, sich nicht erkennen würde. Um ihn herum versammelt die legendäre Gustl A. Mayer, die schon Max Reinhardts enge Mitarbeiterin gewesen war, sein persönlicher Referent Peter Gorski, sein Chefdramaturg Günther Penzoldt und mein Mentor, dem ich das alles zu verdanken hatte, der Oberspielleiter Ulrich Erfurth. Heute kann ich über die Situation und das «weniger Verknäulte» schmunzeln. Damals, als ich verkrampft und schweißnass da oben stand, geblendet vom Licht der Scheinwerfer – ach, es war einfach nur schrecklich! Dabei wartete ich schon seit Monaten auf dieses Vorsprechen, denn angefangen hatte diese Geschichte im Sommer.

Ich war Ulrich Erfurth empfohlen worden, weil er auf der Suche war nach jungen Schauspielern für seinen Film *Reifende Jugend*, dem Remake eines Filmes aus den frühen Dreißigern. Er spielte im Schulmilieu unter Abiturienten, mit Maximilian Schell in, so glaube ich, seiner ersten Hauptrolle als unerfahrener Schüler und Albert Lieven als Studienrat, die beide dasselbe Mädchen lieben. Gedreht wurde in Göttingen im Atelier der Filmaufbau GmbH und in der Brüder-Grimm-Schule. In der Universitätsstadt lernte ich zu meinem Erstaunen, dass es Studenten in Verbindungen durchaus wieder erlaubt war, per Säbel Mensuren zu schlagen, nun allerdings nicht mehr «zur Bereinigung von Ehrenhändeln», wie man das so schön genannt hatte, sondern als sportliche Betätigung.

Viel bedeutender aber war Heinz Hilpert, der ehemalige Intendant des Deutschen Theaters Berlin, nun Intendant des – auf seinen Wunsch hin so genannten – Deutschen Theaters in Göttingen, das er zu einer der wichtigsten deutschen Theaterstädte gemacht hatte. Eine seiner Schauspielerinnen, Krista Keller, spielte in unserem Film die junge weibliche Hauptrolle. Ich war verliebt in sie, heftig und erfolglos.

In einer Mittagspause besuchte uns Hilpert am Drehort, um Kollegen aus seiner Berliner Zeit zu begrüßen wie Mathias Wieman, der den Schulleiter spielte, und ich ahnte nicht, dass ich Hilpert einige Jahre später in Hamburg wiederbegegnen sollte als Regisseur von Hugo von Hofmannsthals Komödie *Christinas Heimreise*.

Ulrich Erfurth mochte mich ganz offensichtlich und baute meine ursprünglich eher kleine Filmrolle als Oberprimaner Bert zu einer nicht unwichtigen Nebenfigur aus.

1955 war auch das Jahr, in dem Gründgens als Intendant von Düsseldorf nach Hamburg wechselte. Er eröffnete die Spielzeit am 1. September mit Schillers *Wallensteins Tod* und gab selbst den Titelhelden, Regie führte der Oberspielleiter Erfurth. Eben der, der kurz zuvor in Göttingen unseren Film inszeniert hatte, was für heutige Verhältnisse abenteuerlich klingt, aber es funktionierte offensichtlich.

Irgendwann während der Dreharbeiten hatte mich Erfurth beiseite genommen: Ich müsse unbedingt am Schauspielhaus vorsprechen, er würde das bei Gründgens vorbereiten und er würde auch mit mir das Vorsprechen einüben. Das klang fantastisch, aber wollte ich denn eigentlich für ein erstes festes Engagement an so ein großes Haus? Wollte ich nicht lieber an ein kleines Stadttheater, um dort viel zu spielen und zu lernen, ein guter Schauspieler zu werden?

Genau aus diesem Grund hatte ich dem Intendanten der Städtischen Bühnen Frankfurt, Harry Buckwitz, abgesagt. Immerhin war ich ihm von Mirjam Ziegel-Horwitz empfohlen worden, das war schon ein kleiner Ritterschlag, hatten doch unter ihrer Direktion die Hamburger Kammerspiele in den Zwanzigerjahren ein künstlerisches Gegengewicht zu den Bühnen der Hauptstadt gebildet. Doch jetzt hatte ich vielleicht die Chance, zum Ensemble von Gustaf Gründgens zu gehören!

Was wusste ich über diesen so berühmten Künstler? Ich war zwar gerade erst zwanzig Jahre alt geworden, aber hatte doch schon eine Menge Theaterleute kennengelernt, und ich war ein sehr neugieriger Mensch. Gründgens' Zeit als Chef des Berliner Staatstheaters während der Nazijahre, seine Verhaftung und seine Zeit in einem russischen Straflager, sein triumphaler Auftritt danach als «Snob» im Deutschen Theater in Berlin – von all dem hatte man mir erzählt. Mein Lieblingsfilmschauspieler war er nicht gerade, und auf der Bühne hatte ich ihn nur einmal sehen können: Das Berliner Schillertheater war 1951 eröffnet worden, und zu den Festwochen gastierte dort das Düsseldorfer Schauspielhaus mit dem Stück *Die Cocktailparty* von T. S. Eliot. Trotz Gründgens, trotz Marianne Hoppe hatte es mir überhaupt nicht gefallen, und ich vermute, dass ich nichts von dem Stück kapiert hatte.

Gleich nach der Premiere des *Wallenstein* meldete sich Ulrich Erfurth bei mir, und wir trafen uns zum Arbeiten an meinen Vorsprechrollen. Er mochte die beiden Sachen, die ich draufhatte, meinte aber, es wäre gut, auch etwas Klassisches parat zu haben. Erfurth, ein sympathischer Mann, klein und drahtig, war von einer zupackenden Intensität. Er schlug mir die Rolle des cleveren Küchenjungen Leon aus Grillparzers Lustspiel *Weh dem, der lügt!* vor.

Wir trafen uns zunächst nur noch einmal, er war ein viel beschäftigter Mann, aber am 12. Oktober sollte ich mir nach meiner *Schölermann*-Sendung ein Taxi nehmen und zu ihm ins Theater kommen, dann hätte er richtig viel Zeit. Wie gesagt, die *Schölermann*-Folgen wurden live gespielt und gesendet, und so sprang ich also an besagten 12. Oktober 1955 abends um etwa neun Uhr ins Taxi und fuhr zum Schauspielhaus.

Am Bühneneingang erwartete mich Erfurth: «Du, das hat sich jetzt so ergeben. Der Chef will das Vorsprechen gleich nachher. Das wird schon! Ich bring dich jetzt auf die Probebühne.» Ich war wie gelähmt, aber Erfurth bugsierte mich das Treppenhaus hinauf und schob mich auf die Bühne. Kaum war er die zwei Stufen runter zum Regietisch, rauschte Gründgens mit seiner Entourage herein. Alle setzten sich, schauten erwartungsvoll zu mir hoch, kein Wort der Begrüßung, aber Gründgens lächelte und sagte: «Bitte!»

Schwitz, krampf – aber es half ja nichts, also legte ich los mit dem Friedhofmonolog des Melchior aus Frank Wedekinds *Frühlings Erwachen*. Als ich fertig war, hörte ich kein Wort, nichts, sah nur eine Geste, die mich aufforderte, weiterzumachen. Ich schmiss mich also in die Rolle des Arnold aus *Michael Kramer* von Gerhart Hauptmann, dieser depressiven, eben «verknäulten» Figur.

Es folgte die am Anfang genannte Frage. Ich erzählte von meinem Richard aus *Oh, Wildnis!*, da gebe es einen Monolog, ob ich den … «Ja, bitte!» Ich fühlte mich schon viel wohler, fand mich nicht schlecht, aber nun doch bitte noch den Leon, klassisch mit Versen! Ich begann und hing nach einigen Zeilen. «Darf ich nochmal beginnen?» – «Bitte!»

Ich begann wieder und kam bis zur zwölften Zeile. Von unten hörte ich: «Vielen Dank!» Gründgens stand auf, alle standen auf, rauschten hinaus, und Erfurth lief ihnen nach. Die Tür klappte zu, ich stand da wie versteinert, stolperte dann die zwei Stufen hinunter zum Flügel, der da immer stand, beugte mich über ihn und fing hemmungslos an zu heulen. Erfurth kam zurück, versuchte freundlich, mich zu beruhigen, und fand, das sei doch ziemlich gut gelaufen. Ganz sicher bekomme ich einen Termin beim Chef, darum werde er sich kümmern.

Einige Wochen später sah ich Erfurth im Zug nach Göttingen zur dortigen Premiere des Films *Reifende Jugend*. Es war üblich, dass die Schauspieler eingeladen wurden zu den Filmpremieren, die Hauptdarsteller waren sogar verpflichtet, in den Städten jeweils ihre Verbeugungen zu machen.

Erfurth versicherte mir, dass ich bald einen Termin beim Chef bekäme, ich solle Geduld haben. Doch erst, als ich im Frühjahr 1956 drängelte, dass ich nicht mehr warten wolle, weil ich möglicherweise ein Angebot des Staatstheaters Stuttgart bekäme, klappte es.

Ich sehe mich noch, wie ich im Mai 1956 zaghaft an der Tür des Vorzimmers klopfte und froh war, als eine Frauenstimme ein freundliches «Herein!» rief. Es war Ursula Stadermann, die nette, so überaus kompetente Sekretärin und Vertraute des Intendanten Gründgens.

Der saß in seinem Sessel hinter seinem Schreibtisch, er war nicht aufgestanden, glaube ich, aber er begrüßte mich charmant und forderte mich auf, mich zu setzen. Ich war überrascht, als er sagte, dass er mich in den *Schölermanns* gesehen hätte. «Reizende Sendung», sagte er, lächelte und dann: «Sie gefallen mir jetzt viel besser als damals im Oktober, sie hatten so ein bisschen was von einem Operettentenor aus Lüneburg!» Diesen Satz werde ich nie vergessen, doch was für ein Gesicht ich dazu machte, weiß ich nicht mehr. Na ja, lustig fand ich es sicher nicht, zwanzigjähriger Jungschauspieler, der ich war.

Doch G.G., wie man ihn kurz nannte, freute sich, mich zu engagieren, und ich bekam einen Jahresvertrag mit einer Monatsgage von 600 DM.

Über all die Jahre seiner Intendanz war er mein Chef, der Generalintendant Professor Gustaf Gründgens. Doch wenn ich heute an ihn denke, denke ich an Gustaf – und das ist eine ganz andere Geschichte.

ABGESCHNAPPT

Mit diesem Wort, das vermutlich in kaum einem Wörterbuch zu finden ist, endete beinahe meine junge Karriere am Deutschen Schauspielhaus in Hamburg. Die Misere geschah gleich im ersten Jahr, in dem es mir doch eigentlich so gut ging. Und das nicht nur beruflich: Verliebt war ich auch. Irene war Solotänzerin an der Hamburgischen Staatsoper und für mich nicht nur die schönste, sondern auch die klügste Frau, der ich bis dahin begegnet war. Durch sie lernte ich Bücher kennen, von denen ich noch nie gehört hatte. Mit ihr ging ich in die NDR-Konzertreihe *das neue werk* und hörte moderne Musik, Musik lebender Komponisten wie Hans Werner Henze, den Irene persönlich kannte. Ausdrucksstark und auch schauspielerisch begabt, wäre sie eine ideale Tänzerin in einem Ensemble von Pina Bausch gewesen, wenn es so etwas wie deren Tanztheater Mitte der Fünfzigerjahre schon gegeben hätte. Wir sahen uns in jeder freien Minute, die sie mir schenkte. So hingen wir in ihrer kleinen Wohnung auch am Radio, als der deutsche Bundestag am 7. Juli 1956 das Wehrpflichtgesetz verabschiedete.

Wir fanden das erschreckend, aber waren glücklich, dass ich zwar als wehrpflichtig galt, die erste Einberufung 1957 aber für nach dem 30. Juni 1937 Geborene erfolgte und mich nicht betraf.

Und so passierte es auch, dass ich Irene, als ich proben- und vorstellungsfrei zwei Tage in ihrer Wohnung verbrachte – mein eigenes Untermietszimmer sah ich selten –, bat, nach ihrem Training doch mal beim Bühnenpförtner des Schauspielhauses anzurufen, ob dort für mich Post oder eine Nachricht liege. Verdammt, die Intendanz war auf der Suche nach mir! Ich stürzte zur nächsten Telefonzelle. Als ich die

Intendanz-Sekretärin endlich erreichte, hörte ich pures Entsetzen: Bei Gründgens zu Besuch war Max Ophüls, der wunderbare Regisseur von Filmen wie *Liebelei* und *Der Reigen*, um die Besetzung für *Figaros Hochzeit* von Beaumarchais zu besprechen. Beide waren der Meinung, die wichtige Rolle des Pagen Cherubim solle nicht wie üblich von einer jungen Schauspielerin gespielt werden, ein junger Schauspieler sollte es sein, und Gründgens meinte, da gebe es im Ensemble diesen Charles Brauer, den er Ophüls gerne vorstellen wolle.

Doch ich war nicht auffindbar, und als ich endlich im Theater anrief, war Ophüls bereits abgereist. Eine Katastrophe! Nun hatte ich Max Ophüls im vorigen Sommer beim SWR in Baden-Baden während der Produktion eines Hörspiels von Jean Giraudoux kennengelernt. Hektisch telefonierte ich herum und es gelang mir, ihn in einem Wuppertaler Hotel zu erreichen. Er klang entspannt und nahm meine Entschuldigung sehr freundlich an, meinte jedoch, und ich höre es noch: «Aber beruhigen Sie mal vor allem ihren Chef!»

Ja, aber wie? Wir spielten gerade zusammen in der Uraufführung von Curt Goetz' *Nichts Neues aus Hollywood*, einer Abrechnung mit den Eitelkeiten, wie sie sich in der Filmindustrie herumtreiben. Gründgens, der auch selbst Regie geführt hatte, gab den redegewandten Schriftsteller Cliff Clifford, ich hatte im ersten Akt einen netten kleinen Auftritt als Charly. Hinter mir, der ich in einer Bühnengasse auf meinen Auftritt wartete, stand auch Gründgens, seinerseits auf den Auftritt wartend. Dieses Mal kein freundliches Zunicken wie sonst immer, ich war für ihn einfach nicht vorhanden, wie durch Glas schaute er durch mich hindurch.

Verzweifelt sprach ich am nächsten Tag auf der Probe zu Friedrich Dürrenmatts *Besuch der alten Dame* mit Elisabeth Flickenschildt in der Titelrolle, Werner Hinz als Ill und mir als dessen Sohn, den Regisseur Ulrich Erfurth an, dem ich ja mein Engagement bei Gründgens verdankte und der dessen Stellvertreter war, und erzählte ihm von meiner Not. Er versprach, sich darum zu kümmern.

Tags darauf kam er sehr besorgt zu mir, der Chef sei wirklich sauer und ich solle offiziell um einen Termin bitten. Doch erst nach einigen weiteren bedrückenden Vorstellungen des Goetz-Stückes wurde ich von Gründgens erhört. Ich solle in der Pause in seine Garderobe kommen. Da stand ich nun wie ein Häufchen Elend, er saß in einem eleganten apricotfarbenen Schminkmantel vor dem Spiegel und erklärte mir, dass das, was mir passiert sei, einem Schauspieler nicht passieren dürfe, nicht zu passieren habe. «Ich bin auch nicht eingeschnappt, ich bin einfach abgeschnappt!» Ich weiß nicht, was ich alles stotterte. Dann war ich meinem Schicksal überlassen.

Erstaunlicherweise und trotz allem stand ich als Cherubim auf der Besetzungsliste. Offensichtlich wollte Max Ophüls mich für diese Rolle unbedingt haben.

Die Premiere am 5. Januar 1957 war ein Riesenerfolg für Ophüls, der zum ersten und letzten Mal nach seiner Rückkehr aus dem Exil an einer deutschen Bühne inszenierte – und sie fand ohne mich statt. Ich war auf den Proben das, was man in meinem Beruf eine «Krampfhenne» nennt. Aber hätte es anders sein können bei all dem Druck, unter dem ich mit meinen 21 Jahren stand? Ich wurde zum Chefdramaturgen Dr. Penzoldt gerufen, ich sei wohl doch überfordert mit dieser Rolle, und man habe sich, Herr Ophüls bedaure es, entschlossen, sie mit einer jungen Kollegin zu besetzen.

Umbesetzt zu werden ist etwas sehr, sehr Schmerzliches, und ich brauchte viel Trost, den ich von meiner Irene auch bekam. Passiert ist es mir, so oder ähnlich, nie wieder. Und doch begleitet einen der Zweifel in diesem Beruf ständig.

So viel Selbstbewusstsein hatte ich dann aber doch, dass ich mir sicher war, ich hätte den Cherubim genauso gut oder sogar besser spielen können als das, was ich mir in einer Vorstellung ansehen konnte.

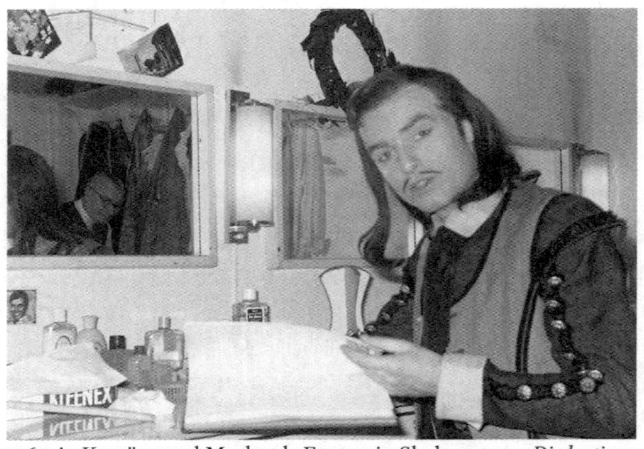

1963, in Kostüm und Maske als Fenton in Shakespeares *Die lustigen Weiber von Windsor* in unserer Vierergarderobe mit Richard Münch, Hans Irle und Uwe Friedrichsen. In der Spiegelung unser Papa Tiedge, der uns als Garderobier umsorgte und umhegte.

Wie gesagt, ich war 21 Jahre alt und wollte unbedingt alles dafür tun, diesen Beruf so gut wie nur möglich zu erlernen. Gelernt hatte ich ja schon einiges in jugendlichen Jahren, hatte mit profilierten Schauspielern vor der Kamera oder auf der Bühne gestanden. Und einer Sache war ich mir völlig sicher: Wenn ich mit dreißig nicht das Gefühl hätte, dass der Beruf des Schauspielers ganz und gar der meine wäre, was für mich auch bedeutete, Erfolg zu haben, würde ich dieses Metier aufgeben.

TELEGRAMM AUS BREMEN

12.10.1958, 13 Uhr 53:
BITTE DENK NICHT VIEL BITTE RED NICHT VIEL RUF MICH UMGEHEND BREMEN 300803 AN – GG

Mir stand das Herz still. Fassungslos zeigte ich das Telegramm meiner Freundin Irene, die mich am Bühneneingang erwartete. Gerade war ich nach meinem kleinen Auftritt in *Dr. Knock* herausgekommen, freute mich auf den noch verbleibenden, herbstlich schönen Sonntagnachmittag, als der Bühnenpförtner mir mit dem Telegramm zuwinkte.

War das ein Scherz oder wirklich vom Generalintendanten Gustaf Gründgens? Wie auch immer, ich musste natürlich diese Bremer Nummer anrufen. Im Souterrain gab es einen Münzfernsprecher. Es meldete sich das Parkhotel in Bremen, und ich wurde wirklich und wahrhaftig mit der Suite von Gründgens verbunden.

Er war reizend und kam gleich zur Sache. Er bitte mich, nein, er freue sich, wenn ich Zeit und Lust hätte, mit dem nächsten Zug nach Bremen zu kommen. Es gebe da einen, der ca. 18 Uhr ankomme, und er würde mich abholen. Er machte es beinahe dringend, wiederholte seine Bitte, und wie selbstverständlich, wenn auch irritiert, sagte ich ihm, ich nehme den besagten Zug. Es war mir ein Rätsel, aber auch Irene fand es richtig, dass ich fuhr. Vorher aber riefen wir noch unsere Freundin Lotte Brackebusch an. Sie war nicht nur eine geliebte Kollegin von mir am Schauspielhaus, sie spielte auch meine Tante Marie bei den *Schölermanns* – und sie war mit Gründgens seit den Zwanzigerjahren vertraut. Damals waren sie zusammen an Erich Ziegels Kammerspielen in Hamburg engagiert gewesen.

Nachdem ich ihr alles erzählt hatte, sagte Lotte in beinah mütterlichem Ton: «Ach Gott, dieser einsame Mann!»

Während der Zugfahrt nach Bremen grübelte ich über den Grund dieser Einladung nach. Wohl hatte ich bemerkt, dass Gründgens mich mochte. Das hatte sicher auch mit meinem letzten Termin bei ihm zu tun, um den ich gebeten hatte. Die Ophüls-Geschichte war vergeben und vergessen, und ich hatte gerade für die UFA in Berlin den Kinofilm: *Ist Mama nicht fabelhaft?* abgedreht, für den ich einen Urlaub bewilligt bekommen hatte. Doch nun hatte es eine andere Frage gegeben, die nur er als Chef beantworten konnte: Mutter Schölermann hatte im wirklichen Leben als Lotte Rausch einen Ehemann, der die Hamburger Niederlassung einer amerikanischen Werbeagentur leitete. Er hatte mich angerufen, ob ich mich für ein Haarpflegemittel fotografieren ließe. Er versicherte mir, dass ich nicht zu erkennen sein würde, da es vom Foto nur eine schraffierte Zeichnung gebe.

Genau das erzählte ich Gustaf Gründgens bei jenem Termin. Er beugte sich über den Tisch und fragte: «Wieviel sollst du denn dafür bekommen?» – «Naja, 650 Mark.» – «Dann bist du verrückt, wenn du es nicht machst!» Gerade war in dieser Spielzeit meine Monatsgage von 600 auf 700.- DM erhöht worden, also waren diese 650 DM geradezu luxuriös. Vielleicht hatte ich auch angedeutet, dass ich meine Familie in Berlin unterstützte, ich weiß es nicht mehr. Ganz sicher aber hatte ich ihm auf seine Frage, wie es mir denn am Haus gefalle, unter anderem gesagt, dass ich manchmal den privaten Kontakt mit Regisseuren vermisse. Was ich ihm nicht sagte, war, wie wichtig für mich mein Engagement an seinem Haus war, um den Beruf des Schauspielers gut zu lernen.

Nach dem UFA-Film bekam ich sofort zwei weitere Filmangebote, die ich beide ablehnte, andernfalls hätte ich aus meinem Theatervertrag aussteigen müssen und das wollte ich unter gar keinen Umständen.

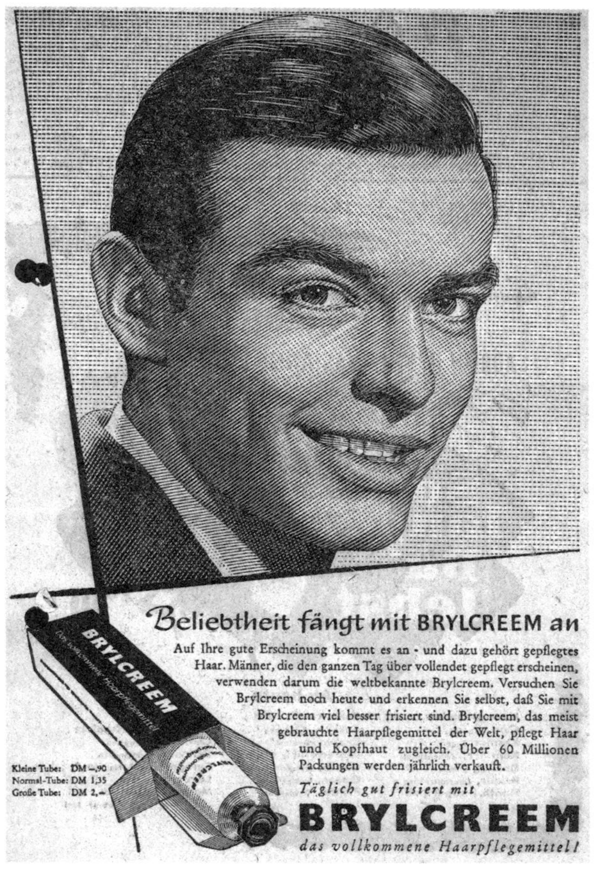

Das Bremer Parkhotel war sicherlich das erste Fünf-Sterne-Hotel meines Lebens. Gründgens hatte ein Zimmer für mich reserviert, das Abendessen sollte, so seine Bitte, in seiner Suite stattfinden. Es war alles sehr verwirrend, auch als er mich bat, die Siezerei ab jetzt zu lassen. Nach anfänglicher gegenseitiger Befangenheit begann ein wirkliches Gespräch. Es ging ihm ganz offensichtlich darum, mit einem Menschen zu reden.

Ich konnte es kaum glauben, aber er war in Panik wegen der bevorstehenden Aufführung von *Faust II*. Bundespräsident Theodor Heuss hatte sich für seinen Hamburg-Besuch diese Aufführung gewünscht, und das Theater wollte diese Bitte erfüllen. Es war Sonntag, schon am Dienstag sollte die Festvorstellung über die Bühne gehen. Gründgens hatte seinen Mephisto viele Monate nicht gespielt, und es würde sein einziger Auftritt in dieser Spielzeit als Schauspieler bleiben.

Dazu kam, dass er seinen Mephisto in *Faust I* an Ullrich Haupt übergeben hatte. Er wusste, dass ich mit Ulli befreundet war und bei ihm zur Untermiete wohnte. Er fragte mich auch nach meiner Familie und erzählte von der Beziehung zu seiner Mutter, die wohl eine sehr enge gewesen war.

Mir ging es gut bei dem Gespräch, ich fühlte mich wohl, und es war zu spüren, wie erleichtert er war, nicht allein sein zu müssen. Auch dankbar, dass ich so offen und selbstverständlich mit ihm umging. Es gab keinen einzigen peinlichen Moment, und spät am Abend umarmten wir uns, sagten gute Nacht, und ich ging auf mein Zimmer.

Am nächsten Morgen traf ich einen ziemlich heiteren Gustaf – und ich lernte den begeisterten Autofahrer kennen. Auf dem Parkplatz des Hotels stand ein nigelnagelneuer Rolls Royce Silver Cloud, den er aus Düsseldorf abgeholt hatte. Es war sozusagen die Jungfernfahrt, und die Fahrt nach Hamburg beeindruckte mich schon sehr, obwohl mich Autos nie besonders interessiert hatten.

Einige Straßen vor dem Schauspielhaus stieg ich aus, und um Punkt elf Uhr begann die Wiederaufnahmeprobe für *Faust II*.

«Weit entfernt, dich zu erschrecken», beginnt ein sehr herzlicher Brief von Gustaf, in dem er sich für den Abend in Bremen bedankt, der ihm geholfen habe, mit all seinen Ängsten die Vorstellung durchzustehen. Ich bekam diesen Brief mit einiger Verspätung. Er hatte ihn seiner Sekretärin mit den Worten gegeben: «Der ist für den Brauer.»

Der Brief landete aber auf dem Schreibtisch von Max Brauer, dem Ersten Bürgermeister der Freien und Hansestadt Hamburg. Er ging dezent zurück zu Gustaf, und ich bekam ihn dann versehen mit einem witzigen Kommentar.

Es gibt einen Satz von Gustaf, der gern kolportiert wurde: «Die Distanz zu mir bestimmt immer der andere.» Ulli Haupt kommentierte ihn jeweils mit: «… sagt der glühende Ofen!!»

Trotz aller freundschaftlicher Abende, die ich mit Gustaf verbrachte, blieb immer eine Distanz zwischen uns. Meistens trafen wir uns bei ihm in dieser mir riesig erscheinenden Wohnung am Harvestehuder Weg, in der er nur einen kleinen Teil wirklich bewohnte. Peter Gorski, seinem Adoptivsohn und persönlichen Referenten, der auch als Regisseur am Schauspielhaus arbeitete, bin ich dort kein einziges Mal begegnet, obwohl es ja ihre gemeinsame Wohnung war. Sie hatte etwas Steriles, Unbewohntes, belebt am Tag nur von Frau Hansen, der Haushälterin, die ich ebenfalls nie sah. Abends nahm sich Gustaf irgendetwas von Frau Hansen Zubereitetes aus dem Kühlschrank, meist belegte Brote.

Einmal habe ich ihn, jazzbegeistert, wie ich war, abends aus dem Haus gelockt, um zwei Künstler anzuhören, die er ganz bestimmt noch nie live erlebt hatte: Ella Fitzgerald und Oscar Peterson! Wir saßen in der Musikhalle, die heute Laeiszhalle heißt, in verschiedenen Reihen, und erst Tage später erfuhr ich am Telefon, wie sehr ihm das Konzert gefallen habe.

Die Freunde, von denen er mir erzählte, lebten alle nicht in Hamburg. Er traf sie auf seinen Urlaubsreisen, meist weit

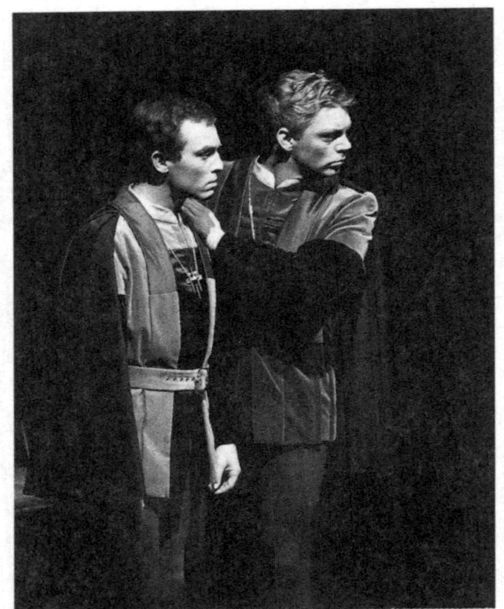

Charles Brauer und Uwe Friedrichsen in Shakespeares *Hamlet*, Regie: Gustaf Gründgens, Deutsches Schauspielhaus in Hamburg, 1963

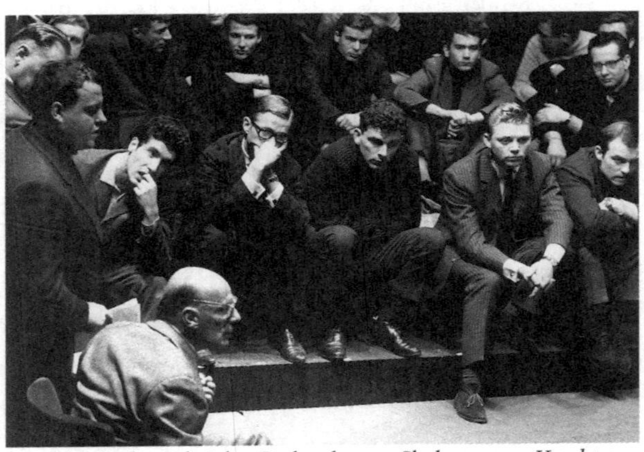

Gustaf Gründgens bei den Endproben zu Shakespeares *Hamlet*, rechts Uwe Friedrichsen und Charles Brauer, Deutsches Schauspielhaus in Hamburg

weg von Deutschland. Es gab auch zu bestimmten Schauspielern, alten Weggefährten, eine Nähe, die er brauchte. Das Gefühl, «Primus inter pares» zu sein, war ihm wichtig.

Als er 1963 mit 63 Jahren seine Intendanz beendete, sagte er: «Ich will jetzt versuchen, leben zu lernen. Wenn man es doch lernen könnte wie eine Rolle!» Es war jedoch keineswegs so, dass Gründgens keine beruflichen Pläne hatte. In Wien sollte er eine Inszenierung machen und in Hamburg wollte er seinen Prospero in Shakespeares *Der Sturm* wiederaufnehmen. Darum waren auch alle Gerüchte und Vermutungen nach seinem Tod im Oktober 1963 schlicht und einfach falsch, es sei ein Selbstmord gewesen.

Für jeden, der dabei war, bleibt unvergessen, mit welcher Lust und Kraft er bei einer Probe für den für zwei Tage in die USA gereisten Maximilian Schell den Hamlet markierte. Blitzschnell hatte sich das im Hause herumgesprochen, und die Seitengassen der Bühne waren belagert von Technikern und Verwaltungsangestellten. Rosenkranz und Güldenstern – gespielt von mir und meinem Freund Uwe Friedrichsen – haben eine große Szene mit Hamlet. Als wir beide abgingen, wussten wir, dass wir diese Szene nie wieder so gut spielen würden wie auf dieser Probe.

Es war einfach unglaublich und auch berührend, diesen so besonderen Schauspieler mit einem Text zu erleben, den er zuletzt vor langer Zeit gesprochen hatte.

Die Zeit der Gründgens-Intendanz, das waren für mich die besten Lehrjahre, die ich mir wünschen konnte. Darüber hinaus war und bin ich glücklich, diesen Mann auch außerhalb des Theaters ein wenig näher kennengelernt zu haben.

DIE KUNST, «MEIN HERR» ZU SAGEN

Eine Probendekoration auf der Bühne des Deutschen Schauspielhauses in Hamburg. Ein junger Mann kommt forsch durch eine Schwingtür und hat «Mein Herr» zu sagen. Es ist an den Herrn des Hauses gerichtet, der auf einem äußerst kuriosen Sessel sitzt und den jungen Mann erwartet. Der Sessel hat an den Handläufen und nahezu rundherum stufenartig angebrachte Tablette voller verschiedenartigster Medizinfläschchen und Pillendöschen. Der junge Mann, das bin ich, und der Hausherr ist der wunderbar komische, wirklich genialische Curt Bois. Es ist die Spielzeit 1963/64, und wir proben Molières Komödie *Der eingebildete Kranke*. Unser Regisseur ist Fritz Kortner, er sitzt unten und schaut uns zu, nein, er ruft mir ununterbrochen ein «Halt!» hinauf. Ich habe – ohne Übertreibung – auf der ersten Probe dieser Szene bestimmt an die dreißig Mal versucht, die zwei Worte so zu sagen, dass es Kortner richtig erschien.

Unser damaliger Intendant Oscar Fritz Schuh hatte Kortner eingeladen, das Stück bei uns zu inszenieren. Ich war glücklich, den jungen Liebhaber Cléante spielen zu dürfen, nicht unbedingt der Rolle wegen, aber um diesen großen Mann des Theaters in einer Arbeit erleben zu können. Die Geschichte des Theaters hat mich immer interessiert, und so kannte ich natürlich auch die Bedeutung des Schauspielers Kortner in den Zwanzigerjahren, der 1933 vor der Wahl stand, formuliert von Curt Bois, «sich umzubringen, umgebracht zu werden oder in der Emigration sein Leben zu fristen». Neben allen Schrecknissen der Emigration ist es für einen Schauspieler ein doppeltes Elend, seine Sprache zu verlieren. Seine Werkzeuge sind die Sprache und sein Körper.

Kortner kam nach dem Krieg zurück nach Deutschland, und der Einfluss, den seine Inszenierungen und sein Wirken am deutschen Theater hatten, ist nicht hoch genug einzuschätzen.

In meiner Kinder- und Jugendzeit in diesem Beruf hatte ich ihn als Willy Loman in Arthur Millers *Tod des Handlungsreisenden* Ende der Vierzigerjahre am Berliner Hebbel-Theater gesehen. Ich selbst hatte schon an diesem Haus gespielt und auch bei dieser Aufführung war ich, sozusagen aus dem Off, beteiligt. In einer Szene beklagt sich Loman bei seinem schnöseligen Chef, gespielt von Boy Gobert, der ihm nicht zuhört und ihm stattdessen den neu erfundenen Kassettenrecorder vorführt, aus dem die Stimme seines kleinen Sohnes zu hören ist, der stolz alle Hauptstädte der US-Bundesstaaten aufzählt. Für die Aufzeichnung dieser Stimme hatte man mich geholt, und so kam es, dass ich schon sehr früh bei einer Kortnerschen Arbeit beteiligt gewesen war.

Später habe ich einige seiner eindrucksvollen Inszenierungen gesehen, darunter Shakespeares *Was ihr wollt* am Berliner Schillertheater, für mich bis heute eine der schönsten Aufführungen dieser Komödie, und Sean O'Caseys Stück *Der Preispokal*, das Kortner scharf pazifistisch und provokant auf die Bühne brachte.

Er hatte sich bei jeder Regiearbeit ausbedungen, drei Monate zu proben. Das war bislang in der deutschen Theaterlandschaft nicht vorgekommen. Sechs Wochen Probenzeit, höchstens, eher weniger, waren üblich.

Ich möchte keinen Tag unserer dreimonatigen Probenzeit missen, und ich habe diesen Mann verehrt und bewundert. Seine verzweifelte Suche nach der Wahrheit in jedem Satz auf der Bühne, seine beinahe selbstzerstörerische Aggression gegen alles Hergebrachte, Konventionelle, die er beißend witzig zu formulieren wusste, das hatte man auszuhalten. Ich verstand ihn, wenn er selbst bei diesen zwei Wörtern «Mein Herr» immer wieder insistierte, es noch einmal und anders zu versuchen. Ist es doch nicht anders als in der Musik, wo ein Impromptu von Chopin, gespielt von Artur Rubinstein, so anders klingt als in der heutigen Spielweise eines Daniil Trifonov. Nun will ich ein Impromptu nicht mit «Mein Herr» vergleichen, doch es gibt so viele Möglichkeiten der Interpretation selbst des allerkleinsten Textes, bedingt durch die Situation und die Stimmung des jeweiligen Charakters.

Die Rollen der jungen Liebespaare gehören ja nicht zu den stärksten Figuren bei Molière. Aber Kortner hatte große Sympathie für das Paar in unserem Stück – und mehr noch: Er mochte meine Partnerin Ella Büchi und mich gerne und hatte Freude daran, unsere Szenen auszubauen.

Doch nun will ich von Curt Bois erzählen, der von Kindesbeinen an, bis er vor den Nazis flüchten musste, im Kabarett, in der Operette und im Theater von Max Reinhardt Karriere gemacht hatte. Auch er kam nach dem «Tausendjährigen Reich» zurück in das Land seiner Sprache und reüssierte vor allem eben unter der Regie von Fritz Kortner. Er war ein wundersamer, equilibristischer Schauspieler, der auf den Proben in der Lage war, wild herum zu improvisieren. Das führte zu wahnwitzigen Szenen, die ich miterlebt habe, so dass Kortner einmal lachend rief: «Einfangen, fangen Sie ihn ein!» Bois darauf: «Aber Herr Kortner, Sie haben gelacht!» Kortner: «Ja, aber unter meinem Niveau! In jedem von uns steckt ein Abonnent!»

Dazu passt, dass in einer Vorstellung vom *Eingebildeten Kranken* gleich nach dem «Mein Herr»-Auftritt Curt Bois mich dazu brachte, dass ich einen Lachanfall bekam. Doch ihn riss es ebenso, und so lachten wir beide mit hochroten Köpfen und bemühten uns, das Lachen zu unterdrücken. Das führte zu freundlichem Gelächter im Zuschauerraum, was die Sache noch mehr verschlimmerte, denn es war ja klar, dass unser Amüsement nicht zur Szene gehörte, also privat war. Peinlicherweise brauchte es mehrere Vorstellungen, bis wir über diese Stelle ohne erneuten Lachanfall hinwegkamen. Auf diese Weise habe ich es geschafft, von Kortner einen kleinen Brief zu bekommen. Na ja!

FRITZ KORTNER

17. 3. 64

Lieber Herr Brauer,

das Verlachen der Vorstellung kostet mich Tränen!

Ihr

alter Kortner

«Man muss alles auseinandernehmen: Arme, Hände, Kopf und Beine – und dann wieder zusammensetzen – aber nicht richtig.» Das war einmal die Antwort Kortners auf eine Frage nach dem Geheimnis seiner Regiearbeit. Gefragt hatte ihn der damals junge Regisseur Gerd Heinz, mit dem ich seit Langem befreundet bin. Mit ihm und zusammen mit meiner Frau, der Bühnenbildnerin Lilot Hegi, haben wir in den letzten Jahren mehrere Stücke am Ernst Deutsch Theater in Hamburg realisiert.

Es gibt und gab viele Regisseure, die sich auf Fritz Kortner berufen. Doch das heutige Theater scheint mir Lichtjahre entfernt zu sein von dem, was für diesen großen Künstler wichtig und notwendig war, um Texte lebendig und authentisch zu gestalten.

Ende der Sechzigerjahre inszenierte er bei uns am Hamburger Schauspielhaus Goethes *Clavigo*. Ich probte zur gleichen Zeit in der Inszenierung von Karl Paryla Molières *Tartuffe*, zusammen unter anderem mit Curt Bois und Witta Pohl. Ich begegnete Kortner beim Bühnenpförtner, und er freute sich offensichtlich, mich wiederzusehen. Dann sagte er unvermittelt: «Sie können ja leider nicht, Sie probieren ja beim Karl.» Auf mein fragendes Gesicht hin beklagte er sich über den Darsteller des Beaumarchais, den er umbesetzen wolle.

Bis heute bedaure ich zutiefst und werfe es mir vor, Kortner damals nicht angefleht zu haben, er möge Paryla bitten, mich aus der Nebenrolle im *Tartuffe* zu entlassen. Aber auch ohne mich geriet dieser *Clavigo* mit Thomas Holtzmann und Rolf Boysen und dem Kollegen Friedhelm Ptok als Beaumarchais zu einer Sternstunde des Theaters. So blieb *Der eingebildete Kranke* meine einzige Arbeit mit Kortner, diesem von mir so sehr bewunderten Künstler.

TURBULENZEN

3. Juli 1964! Mein 29. Geburtstag, und an diesem Tag zu heiraten, das fanden Marli und ich eine hübsche, eine charmante Idee. Aber war es auch eine gute Idee? Wir hatten nach einer monatelangen Trennung gerade erst wieder zusammengefunden. Sie hatte ein halbes Jahr in Paris als Journalistin für ein dortiges Magazin geschrieben. Davor waren wir immerhin schon vier Jahre lang ein Paar gewesen. Sie wohnte bei ihren Eltern im feinen Hamburger Stadtteil Harvestehude, ich in Untermiete auf der anderen Seite der Alster.

Ich kann nur immer wieder den Kopf schütteln, wenn ich nach beinahe sechzig Jahren auf diese Zeit mit all ihren Verkrampfungen zurückblicke. Es war für die Eltern von Marli – und somit natürlich auch für uns – schlichtweg ausgeschlossen, zusammen zu wohnen, ohne verheiratet zu sein. Papa war Chefarzt in einem Hamburger Krankenhaus, hatte in der Innenstadt eine HNO-Praxis, und ich vermute, in ganz Hamburg gab es keinen Sänger oder Schauspieler, dessen Stimmbänder nicht von Dr. Schaake behandelt worden waren. Er war ein netter Mann, verheiratet mit einer interessanten, flotten Berlinerin, die, wie man so sagt, Haare auf den Zähnen hatte. Ich höre sie noch, wie sie imstande war, irgendein langweiliges Gespräch mit einem: «Das ist ja faaaabelhaft uninteressant!» einfach abzubrechen. Beide waren sie befreundet mit einer jungen Dame, einer angehenden Modejournalistin, die sie unterstützten. Aus der kleinen Heidi wurde später die berühmte Jil Sander.

Es musste also geheiratet werden, und das natürlich mit einer Hochzeitsfeier vom Feinsten. Was man eben für angemessen hielt für die 23-jährige Tochter und diesen schon einigermaßen bekannten Schauspieler. Meiner Mutter blieb diese Feier ihr ganzes langes Leben lang unvergesslich, auch weil sie Marli wie eine eigene Tochter liebte. Und ich habe nie vergessen, wie mein Bruder witzelte, meine Gesichtsfarbe hätte das Grün der Zimmerpflanzen gehabt.

Meine erste Ehe hielt keine zwei Jahre. Wir hatten erkannt, dass ihr damaliges Aus-dem-Elternhaus-Flüchten und meine oder unsere Unfähigkeit, die nötige Arbeit für ein gutes Miteinander zu leisten, eine schwache Basis waren, doch wir blieben Freunde bis zu ihrem Tod.

Noch verheiratet, sprang ich in eine nächste Beziehung, die dann zur zweiten Ehe wurde. Witta Pohl war eine junge Schauspielerin und für eine Rolle in Oscar Wildes *Bunbury* ans Deutsche Schauspielhaus engagiert worden. Witta, die auch schon einmal verheiratet gewesen war, und ich hatten beide mit Ehe eigentlich nichts am Hut. Doch dann wurde sie schwanger, und im Juni 1967 wurden die Zwillinge Stefanie und Florian geboren. Sie kamen einen knappen Monat zu früh und verbrachten die fehlenden vier Wochen in einem Wärmezimmer in der Klinik, ohne dass wir sie berühren durften. Natürlich konnten sie so auch nicht gestillt werden, doch die Ärzte fanden ohnehin, die Flaschenmilchnahrung der Firma Milupa sei die bessere Muttermilch. So war das damals.

Warum auch diese Ehe scheiterte? Wir hatten uns wenig Zeit genommen, uns kennenzulernen. Und nun kämpften wir damit, Kinder und Karriere in ein gutes Gleichgewicht zu bringen. Wir versuchten, perfekte Nestbauer zu sein, lasen alles, was es zur antiautoritären Erziehung auf dem Markt gab. Witta gehörte inzwischen fest zum Ensemble des

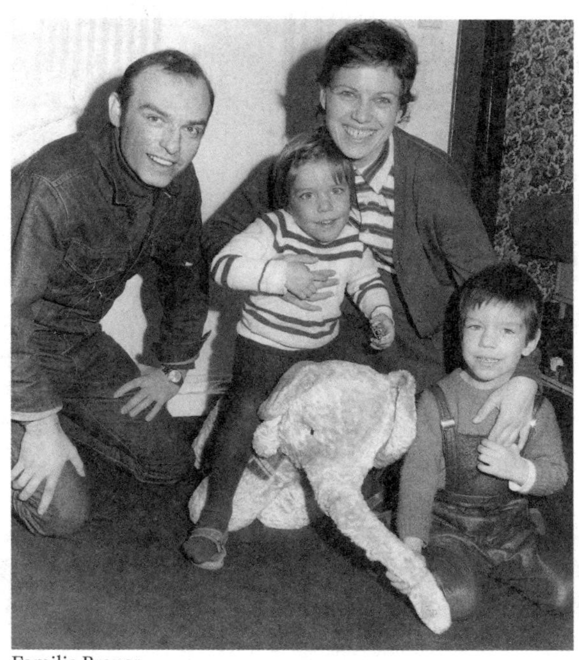

Familie Brauer

Schauspielhauses, ich war Ensemblesprecher und saß im Betriebsrat wie auch im Aufsichtsrat des Schauspielhauses. Dazu kam die hochpolitische Zeit der Sechzigerjahre, eine Zeit des Umbruchs. Die Adenauer-Ära ging endlich zu Ende, und die erste Große Koalition ab 1966 wurde zwar vom ehemaligen NSDAP-Mitglied Kurt Georg Kiesinger geführt, doch war der SPD-Vorsitzende Willy Brandt Vizekanzler und Außenminister, ein Mann mit weißer Weste, der in perfektem Englisch vor der UNO eine Rede hielt, die mich sehr beeindruckte. Ich war zwar kein Student, aber bei den Demonstrationen gegen den Vietnamkrieg oder die Springer-Presse – «Bild macht blöd!» – dabei. Die Notstandsgesetze hielten das Land in Atem, sogar das Schauspielhaus wurde von Demonstranten besetzt.

Mich trieb das alles sehr um, und zusammen mit der täglichen Probenarbeit, den Vorstellungen und dem Haushalt mit zwei Kleinkindern kamen Schlaf und Erholung zu kurz. Während einer Vorstellung – ich spielte den Josef K. in Kafkas *Prozess* – fiel ich einfach um, sehr dramatisch bei offenem Vorhang, und wurde mit einem Kreislaufkollaps ins Krankenhaus St. Georg transportiert.

Während ich mich erholte, endete im Sommer 1968 die Intendanz von Oscar Fritz Schuh.

Trotz aller beruflichen und privaten Turbulenzen hatten Witta und ich eine gute Zeit. Vor allem wollten wir unseren Kindern gute Eltern sein. Witta war quasi ohne Vater aufgewachsen. Dr. med. habil. Wilhelm Breipohl, seit 1942 Oberarzt an der Berliner Universitätsfrauenklinik, war am 1. Mai 1945, sechs Tage vor der Kapitulation, von russischen Soldaten erschossen worden – aus Versehen, wie es hieß. Doch der Schuss hatte einen überzeugten Nationalsozialisten getroffen, Parteimitglied seit 1933. Wir haben in all den Jahren unserer Ehe nie über die Geschichte meines Schwiegervaters gesprochen. Sein Bild im Silberrahmen stand im Regal über dem Wickeltisch unserer Zwillinge. Witta und ihre fünf Geschwister wurden von der Mutter, einer starken, bewundernswerten Frau, großgezogen, und aus allen sechsen ist etwas geworden.

Die beruflichen Turbulenzen entstanden durch die Krisen am Schauspielhaus. Der Mythos Gründgens lastete schwer auf den Nachfolgern. Dass Gründgens dem Hamburger Senat Oscar Fritz Schuh als seinen Nachfolger vorgeschlagen hatte, sehr zur Enttäuschung von Ulrich Erfurth, der fest damit gerechnet hatte, in die Fußstapfen seines langjährigen Mentors zu treten, war für mich ein Glücksfall. In Schuhs Zeit als Intendant in Köln hatte ich dort gastiert, und alles, was ich an Inszenierungen gesehen hatte, gefiel mir. Ich wurde durch Schuh gefördert; künstlerisch war es eine gute Zeit für mich. In bewusstem Gegensatz zu seinem Vorgänger stellte er das zeitgenössische Drama in den Mittelpunkt seiner Planungen, was nicht allen gefiel. Und im Ergänzen des Gründgens-Ensembles mit neuen Leuten hatte er wirklich keine glückliche Hand. Letztlich führten Querelen und Unstimmigkeiten auch mit dem Hamburger Senat dazu, dass er auf Ende der Spielzeit 1967/68 vorzeitig von seinem Vertrag zurücktrat.

Sein Nachfolger Egon Monk schmiss das Handtuch schon nach zweieinhalb Monaten. Hochdotierter Fernsehmann, der er als Leiter der NDR-Fernsehspielabteilung war, hatte der einstige Brecht-Schüler offensichtlich unterschätzt, was es heißt, das mit damals noch rund 1600 Plätzen größte Sprechtheater Deutschlands zu leiten.

So entwickelten sich Interimsleitungen fast zur Gewohnheit, denn auch der nächste Intendant, der Regisseur Hans Lietzau, blieb nur ein Jahr.

Acht Tage nach Lietzaus fristloser Kündigung nahm sich der inzwischen auf eigenen Wunsch beurlaubte Verwaltungsdirektor Gerhard Hirsch, ein Freund, gerade mal 48-jährig das Leben. Er, der in den Nachkriegsjahren ein Vertrauter von Gründgens, seit der Schuh-Intendanz eine verlässliche Figur im Schauspielhaus und nach dem vorzeitigen Abgang von Monk kurze Zeit Interims-Intendant gewesen war, ertrug es nicht, dass ihm plötzlich Fehlverhalten vorgeworfen wurde. In meiner Position als Sprecher des Ensembles und Aufsichtsratsmitglied war ich bei all diesen Vorgängen beteiligt und bin der Meinung, dass der Hamburger Senat keine gute Rolle gespielt hat.

Nun wollte man es besser machen und stellte eine Findungskommission zusammen, der Mitglieder des Hauses, vor allem aber, der Sache entsprechend, Persönlichkeiten aus der Öffentlichkeit angehörten, von denen man sich Hilfe in dieser Misere erhoffte. Dabei gab es eine besondere Pointe beim Schaulaufen der vielen Bewerber um die Intendanz, als Boy Gobert, der erfolgreiche Intendant des Thalia-Theaters, der als Berater geholt worden war, sich selbst als Nachfolger vorschlug. Beide Häuser gleichzeitig zu leiten, empfand er nicht als Problem.

Ich sehe uns noch im Sitzungsraum, nachdem Gobert gegangen war, baff vor Staunen. Mindestens eine Minute lang konnte man eine Stecknadel fallen hören.

Unser aller Favorit war der 40-jährige Ivan Nagel, der einer jüdischen Familie ungarischen Ursprungs entstammte, Philosophie bei Horkheimer und Adorno studiert hatte und 1960 bis 1969 Chefdramaturg der Münchner Kammerspiele gewesen war – ein kluger Mann nicht nur des Theaters, sondern ein Universalgelehrter.

Er trat sein Amt am 1. Januar 1972 an, und Witta und ich freuten uns auf ihn.

Doch es kam anders, denn Witta fühlte sich schon während der ersten Spielzeit unterbeschäftigt und Nagel ließ es zu einer gerichtlichen Auseinandersetzung kommen. Das Theater verlor den Prozess, Witta bekam eine ziemlich hohe finanzielle Entschädigung.

Zu diesem Zeitpunkt waren wir schon so gut wie getrennt. 1975 ließen wir uns scheiden.

Witta begann ihre große Fernsehkarriere, und auch für mich war es höchste Zeit, mich neu zu orientieren. Noch im gleichen Jahr kündigte ich meinen Vertrag mit dem Theater, dem ich beinahe zwanzig Jahre angehört hatte.

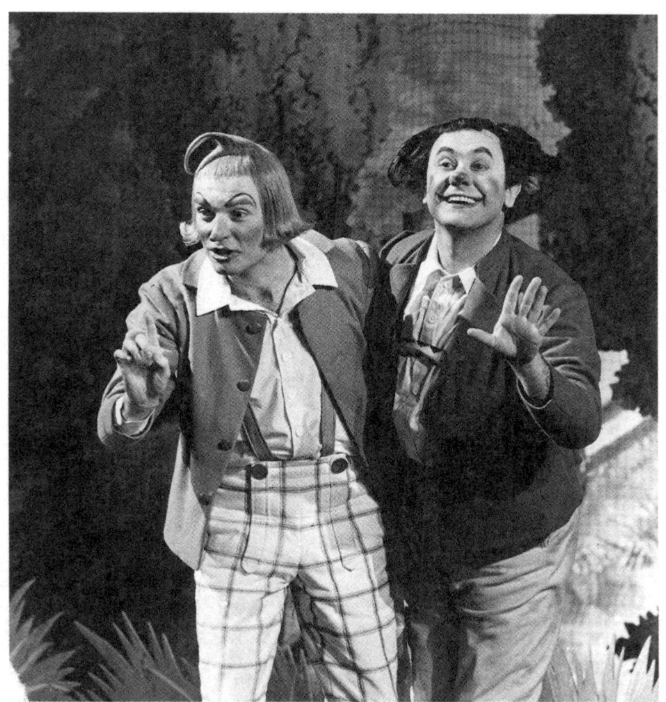

Wie gerne habe ich für Kinder gespielt! Bis weit in die Sechzigerjahre war ich bei den Märchenvorstellungen des Hamburger Schauspielhauses dabei. Ich war der Sumsemann in *Peterchens Mondfahrt*, die böse Hexe in *Der Zauberer von Oz* mit Rock, roten Strümpfen und hochhackigen Pumps durch die Luft fliegend, und hier, mit meinem Kollegen und besten Freund Heinz Gerhard Lück, als Max und Moritz im gleichnamigen Stück. Uwe Friedrichsen und ich waren der Lange und der Dicke in *Tischlein deck dich* – und immer war es ein riesiges Vergnügen!!

EIN ANRUF, DER ALLES ÄNDERT

Ein Telegramm zu erhalten, war in den Siebzigerjahren noch eine ganz normale Sache. Doch das Telegramm, das mir der Postbote im Dezember 1975 brachte, war ein besonderes. Mir schrieb auf die charmanteste Weise Boy Gobert, der Intendant des Hamburger Thalia-Theaters, dass er niemals daran gedacht habe, mich vom Deutschen Schauspielhaus abzuwerben, aber nun würde er sich freuen, mich an seinem Hause zu wissen. Meine Kündigung zum Ende der Spielzeit 1975/76 war bekannt geworden. Ich war auch nicht der Einzige, der mit der Intendanz Nagel haderte, und es war durchaus Thema in den Medien.

Ich war gespalten. Der Entschluss, mein Theater nach so vielen Jahren zu verlassen, hatte ja nicht nur mit Unzufriedenheit zu tun. Es war vor allem das Gefühl, dass es nach zwanzig an diesem Haus verbrachten Jahren nun wirklich genug sei. Auch um freier zu sein. Es hatte Angebote vom Fernsehen gegeben, die interessant waren und die ich wegen der festen Bindung an das Schauspielhaus nicht hatte wahrnehmen können. Natürlich spielte auch meine Scheidung eine Rolle. Zwar versuchten Witta und ich, vernünftig mit der Situation umzugehen, aber für unsere gerade mal achtjährigen Zwillinge war es nicht gut, und mir blieb ein schlechtes Gewissen.

Goberts Antrag war selbstverständlich aller Ehren wert, aber bevor ich mir ernsthaft Gedanken darüber machen konnte, kam ein Anruf aus Berlin, der alles änderte. Es war Dieter Dorn, der anrief, das war erst einmal nichts Besonderes, wir kannten und mochten uns seit seiner ersten Inszenierung am Deutschen Schauspielhaus, einer fabelhaften Aufführung von Christopher Hamptons Komödie *Der Menschenfreund*. Die Premiere im Januar 1971 war ein Riesenerfolg gewesen, für Dorn und für uns Schauspieler, und wir wurden zum Berliner Theatertreffen eingeladen. Die Arbeit mit diesem Regisseur, den niemand von uns vorher gekannt hatte und der offenbar irgendwo in der Provinz von Hans Lietzau oder Ernst Wendt für Hamburg entdeckt worden war, empfand ich als erfüllend und bereichernd. Doch die Proben standen unter einem gewaltigen Druck. Mitten in der Probenzeit schmiss der Intendant Lietzau seinen Vertrag hin und kündigte fristlos.

Ich mochte Lietzau, wir hatten schon in der Zeit von Oscar Fritz Schuh miteinander gearbeitet und uns verstanden, doch ein guter Theaterleiter war er leider nicht. Es war klar, dass sich sofort Parteien bildeten, auch in unserem siebenköpfigen Stückensemble, zu dem Gisela Stein und Helmut Griem gehörten. Beide kündigten ebenfalls ihre Verträge, wohl wissend, dass Lietzau demnächst das Berliner Schillertheater übernehme. Doch erst einmal stand unsere Premiere bevor, und da zeigte sich Dorns große Qualität, trotz allem souverän und klug unsere Truppe zu führen und zusammenzuhalten.

In dieser Zeit nahm sich Gerhard Hirsch, der Verwaltungsdirektor, das Leben. Es passierte nach einer eiligst zusammengerufenen Betriebsversammlung, bei der wir gebeten wurden, die Hand zu heben, um Rolf Liebermann, den Intendanten der Hamburgischen Staatsoper als interimistischen Leiter des Hauses zu bestätigen. Es war eine schreckliche Situation, eine Zerreißprobe, die zu heftigen Auseinandersetzungen mit den anwesenden Mitgliedern der Kulturbehörde führte. Klar, es gab eine Mehrheit für Liebermann. Aber was nun?

Wieder einmal, und das machte mich zutiefst unzufrieden und auch unglücklich, stand das Theater vor einem

Scherbenhaufen. Wieder, wie schon bei dem Fiasko mit Egon Monk, stand ich vor der Frage, auch hinzuschmeißen oder aber loyal zu sein und mit aller Kraft diesem Haus die Stange zu halten. Auch stand ich unter Schock wegen des Freitods von Gerhard, mit dem ich befreundet gewesen war. Wenige Stunden vor seinem Entschluss hatte ich mit ihm telefoniert aber seinen Satz, dass alles keinen Sinn mehr habe, nicht ernst genommen.

Noch etwas ist mir unvergessen geblieben: Wie Ernst Wendt während der Betriebsversammlung aufstand und eine druckreife Rede hielt. Warum denn um alles in der Welt der Lappen immer wieder hochzugehen habe, fragte er, und ob man nicht endlich und grundsätzlich versuchen müsse, die Probleme dieses Theaters zu klären, die dieses nun einmal seit Gründgens' Abgang habe. Das war an diesem sonst nur deprimierenden Tag sehr eindrucksvoll. Eigentlich hatte ich unseren Chefdramaturgen bisher kaum wahrgenommen. Doch das sollte sich bald und entscheidend ändern, und das hatte mit dem Anruf von Dieter Dorn an jenem Tag zu tun.

Dieter hatte von meiner Scheidung gehört, aber noch mehr und vor allem hatte ihn meine Kündigung überrascht. Die Überraschung war aber an mir, als mir Dieter, der sich mittlerweile am von Lietzau geleiteten Berliner Schillertheater einen Namen gemacht hatte, erzählte, er verlasse zusammen mit Ernst Wendt und zwei anderen Mitstreitern Berlin, um an die Münchner Kammerspiele zu wechseln. Das Verhältnis Lietzaus zu seinen Mitarbeitern hatte sich mehr und mehr verschlechtert und führte am Ende zu diesem Exodus, auch dem einiger wichtiger Schauspieler.

Und jetzt fragte mich Dieter, ob ich nicht Lust hätte, mit ihnen bei einem Neuanfang in München mitzumachen! Hans-Reinhard Müller, der Intendant der Münchner

Kammerspiele, war in Nöten und hatte Dorn schon seit drei Jahren umworben. Nun also doch wieder fest an ein Haus mit allen Konsequenzen binden? Allerdings ein Haus mit einem großen Namen. Dazu meine Lust, wieder mit diesem Regisseur zu arbeiten, neue Erfahrungen zu machen mit neuen Kollegen. Ich warf alle meine Zweifel und Überlegungen über den Haufen und entschied, mit nach München zu gehen.

Was ich damals nicht wissen konnte, war, dass diese Entscheidung bestimmend sein sollte für mein ganzes zukünftiges Leben.

BUHS UND BRAVOS

«Ich bin wegen Dieter Dorn nach München gekommen und bin wegen Ernst Wendt geblieben.»

Dieser Satz aus einem Interview steht in einem sehr schön gemachten Buch über die Münchner Kammerspiele. Damals, 1976, gehörte ich ja zu den Schauspielern, die Dieter Dorn dabeihaben wollte, als er zusammen mit Ernst Wendt in München einen Neubeginn startete. Nach den beiden wichtigen Arbeiten mit ihm war es verlockend, mich doch wieder fest an ein Haus zu binden. Ich freute mich auch, auf Gisela Stein, Helmut Griem und Rolf Boysen zu treffen, von denen ich wusste, dass sie auch dazu kommen würden.

Lessings *Minna von Barnhelm* in Dorns Regie sollte die Spielzeit 1976/77 eröffnen. Er wollte, dass ich darin die Rolle des Wirts spiele. Er sah diese Figur nicht so, wie sie oft gespielt wurde, als einen devoten, schleimigen Typen. Nein, sie sollte berlinisch clever sein, ein mit allen Wassern gewaschener Geschäftsmann mit einer engen, spitzelhaften Beziehung zur staatlichen Obrigkeit. Das klang fabelhaft, aber, aber – ich konnte es zu meinem Leidwesen nicht machen. Dieter Giesing, der Oberspielleiter am Schauspielhaus Hamburg, hatte mich gebeten, zu guter Letzt noch in einer deutschen Erstaufführung eine wichtige Rolle zu übernehmen. Es ging um Simon Grays Stück *Leider nicht erreichbar*, das in London und am Broadway mit großem Erfolg gespielt wurde. Ich hatte es zufälligerweise im Herbst davor in London gesehen und wusste daher, was für eine interessante Aufgabe auf mich wartete. Dort spielte neben Alan Bates in der Hauptrolle ein Schauspieler, der mir auffiel. Er hieß Julian Glover, derselbe Julian Glover, der viele Jahre später im Abenteuer-Sechsteiler *Jenseits der Morgenröte* mein Partner wurde.

Die Londoner Aufführung hatte mir gut gefallen, aber auch unsere konnte sich sehen lassen mit Christoph Bantzer, Hans Michael Rehberg, dem jungen Klaus Pohl, der bald als Schriftsteller und Theaterautor Karriere machen sollte, und mit Barbara Freier, die später auch an die Münchner Kammerspiele wechselte. Ich habe das Stück sehr gern gespielt, doch die Proben und die Aufführungen bis weit in den Herbst hinein machten es nicht möglich, bei Dorns *Minna* dabei zu sein. Seine Inszenierung mit Cornelia Froboess und Helmut Griem als Tellheim wurde ein Riesenerfolg mit über 100 Aufführungen und Gastspielen, und sie wurde zum Berliner Theatertreffen eingeladen.

Klar, es tat schon weh, als ich die Aufführung zum ersten Mal sah, doch sie gefiel mir über alle Maßen, und Lambert Hamel als Wirt war prima. Wir kannten uns seit 1964, als er als junger Spund seine erste Rolle in Fritz Kortners Inszenierung von Molières Komödie *Der eingebildete Kranke* am Schauspielhaus in Hamburg gespielt hatte. Wir mochten uns schon damals. Wir haben alle meine Münchner Jahre die Garderobe im Theater geteilt und sind bis heute Freunde geblieben.

Es waren wilde, aufregende Jahre, künstlerisch und auch privat. Für mich begannen sie mit meiner ersten Rolle in Ernst Wendts Inszenierung von Genets Stück *Der Balkon*. Schon dessen Ankündigung wurde im erzkatholischen München als Provokation empfunden. Ein Bordell, in dem Männer ihre sexuellen Phantasien als Bischöfe oder Generäle ausleben dürfen, während draußen auf den Straßen von Paris die Revolution tobt. Wendt hatte mich mit der Rolle des Gesandten besetzt, keine große Partie, aber eine wichtige Figur, die erst im letzten Drittel des Stücks auftritt. Das hieß für mich, lange zu warten am Premierenabend, dem ersten an diesem für mich neuen Theater in einer neuen Stadt. Entsprechend nervös war ich und geplagt von Lampenfieber. Ich hatte mit Madame Irma, der Chefin dieses eleganten Etablissements, einen Dialog, und der grandiosen Agnes Fink waren Äderchen geplatzt, so dass ich in ihre blutunterlaufenen Augen schauen musste. Klar, wir spielten die Szene wie verabredet, doch der Druck, unter dem sie und wir alle standen, war gewaltig.

Unvergessen ist mir der Schlussapplaus: Buhs und Bravos en masse, die Stadt hatte ihren Theaterskandal. Das ging bis hin zur Forderung der Kirchenobersten, Hans-Reinhard Müller habe sofort seinen Intendantenposten zu räumen. Hunderte kündigten ihr Theaterabonnement, aber, und das war das Großartige, das Theater gewann beinah 2000 neue Abonnenten hinzu. Dorn und Wendt hatten mit ihren Arbeiten Zeichen gesetzt und gezeigt, wohin die künstlerische Reise gehen würde.

Ich war in dieser ersten Arbeit mit Ernst Wendt sehr angetan von der Art und Weise, wie er mit uns Schauspielerinnen und Schauspielern umging. Ich wusste natürlich – und hatte auch Texte von ihm gelesen –, wie analytisch und intellektuell präzise er dachte. Aber der Zugang zu Schauspielern auf der Probe war ein so liebevoller, beinah zärtlicher, dass ich sofort von ihm eingenommen war. Dazu kam – und das schätze ich an Regisseuren – dass er auf der Probe dem Schauspieler erst einmal alle Freiheit ließ. Er sah und hörte zu, beschrieb danach, was er gesehen hatte, um dann sehr sorgsam und vor allem gemeinsam mit dem Darsteller zu einem Ergebnis zu kommen. So können Proben auf dem Theater etwas wirklich Wundervolles sein und manchmal sogar erfüllender als die Vorstellung am Abend.

Auch in Dorns nächster Inszenierung war ich nicht dabei. Meine zweite Arbeit sollte ich mit George Tabori machen. Dorn hatte mich noch in meiner Hamburger Zeit gebeten,

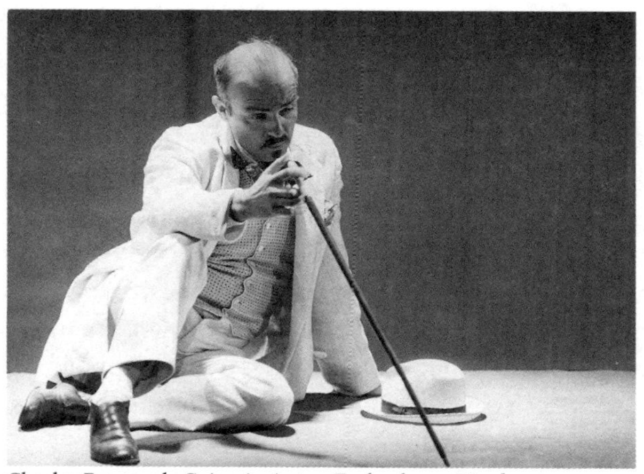

Charles Brauer als Gajew in Anton Tschechows *Kirschgarten*, Regie: Ernst Wendt, Münchner Kammerspiele 1983

nach Bremen zu fahren, um Tabori kennenzulernen. Die Begegnung und Arbeit mit ihm ist eine der wichtigsten Erfahrungen, die ich in meinem beruflichen Leben gemacht habe. Dieser schreibende, inszenierende Kosmopolit, dieser kluge und liebevolle Mann sollte sich – so wünschten sich das Wendt und Dorn – fest an die Kammerspiele binden. Er sollte seine Projekte, seine von ihm geschriebenen Stücke mit dem Ensemble des Hauses erarbeiten, also ohne die Schauspieler seines Bremer Theaterlabors.

So kam es, dass meine zweite Arbeit in München mit Franz Kafka zu tun hatte. George hatte dessen *Verwandlungen* dramatisiert, und wollte zeigen, wie eine kleine Theatertruppe versucht, diese Erzählung zu einem Theaterabend zu machen. Ich war begeistert von dem Projekt, war ich doch Kafkas Welt nicht nur als Leser, sondern auch einige Jahre zuvor als Schauspieler in der Hamburger Aufführung *Der Prozess* nahegekommen, in der ich den Josef K. gespielt hatte.

Alles, wirklich alles, erlebte ich bei dieser Arbeit mit Tabori als etwas Neues.

Es fing mit der ersten Probe an. Deklariert als Leseprobe trafen wir uns im Sitzungszimmer des Theaters. Dort lag ein Stapel wollener Decken, und George bat für ein «warm up» jeden von uns auf eine der Decken. Ich bin fast sicher, für uns alle war das eine neue Erfahrung. Es ging darum, eine stille Konzentration herzustellen, ein Sich-fallen-Lassen, etwas, das bei allen späteren Proben wiederholt wurde und zu Übungen führte, um sich nahezukommen, sich zu berühren, sich dem Gegenüber vertrauensvoll zu öffnen. Unser ältester Kollege, der im Stück die Rolle des Vaters spielte, meinte allerdings, dass er sowas nun wirklich nicht brauche. George akzeptierte es freundlich.

Ich war mit der Rolle des Regisseurs besetzt, und im Stück war angelegt, dass der Darsteller des Vaters und der Regisseur Probleme miteinander hatten. George war ein großer Anhänger der Gestalttherapie von Fritz Perls, den er in den USA noch persönlich kennengelernt hatte. So standen nach der Pause des Stücks zwei Stühle nebeneinander auf der Bühne des Werkraumtheaters. Auf dem einen saß eine dem Darsteller des Vaters naturgetreu nachgebildete, kleine Puppe, mit der ich als Regisseur einen Dialog führte. Dieser Dialog war naturgemäß monologisch. Argumentierte ich als Vaterfigur, setzte ich mich auf seinen Stuhl, als Regisseur auf meinen. Ich setzte mich also im wahrsten Sinne des Wortes mit ihm auseinander. In diesen zwanzig Minuten allein auf der Bühne versuchte ich als Regisseur, in den Vater zu dringen, ihn zu zwingen, sich zu öffnen. Ich hielt ihm seine Nazi-Zeit vor Augen und schilderte ihm Folterungen mit Hilfe von Kafkas Text *In der Strafkolonie*.

Der ganze Abend mit dem Spiel im Spiel um Kafkas *Verwandlungen* mit Felix von Manteuffel in der Rolle des Gregor Samsa war bei der Presse und beim Publikum erfolgreich, und wir spielten ihn über vierzig Mal.

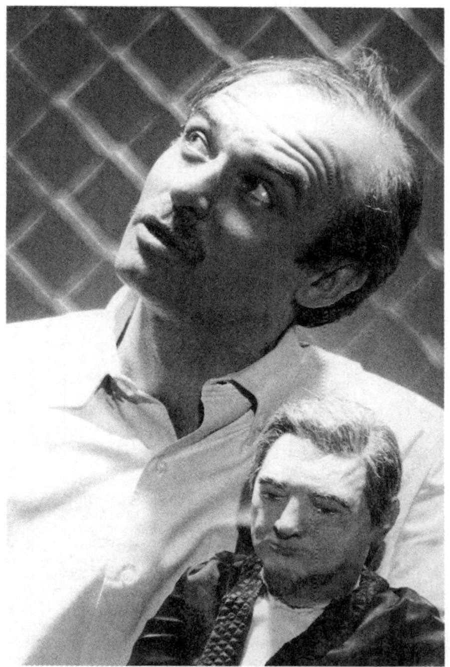

Charles Brauer in der Rolle des Regisseurs in George Taboris *Verwandlungen*, Regie: George Tabori, Münchner Kammerspiele 1977

Für mich war diese Arbeit eine künstlerische Lehrstunde, und ich kenne keinen Kollegen, der mit Tabori gearbeitet hat, der nicht dem Charme, der Klugheit und der Faszination dieses Mannes erlegen ist.

Als er mich das nächste Mal für eine Arbeit anfragte, hatte ich gerade Ernst Wendt zugesagt, den Hofmarschall von Kalb in Schillers *Kabale und Liebe* zu spielen. So sind wir uns zwar privat, aber nie mehr in einer Arbeit begegnet.

Als ich später einmal an seinem Küchentisch saß und ihm vorstöhnte, dass ich bald fünfzig Jahre alt werden würde, guckte er, der gerade seinen einundsiebzigsten Geburtstag hinter sich hatte, ironisch liebevoll zu mir und sagte: «Charlie, das beeindruckt mich überhaupt nicht.»

Das war 1985, und da war meine Kammerspielzeit schon seit zwei Jahren vorbei. Eine Zeit, die wunderbarerweise ganz anders verlaufen war, als ich es mir vorgestellt hatte. Dieter Dorn hatte mich einmal in einem langen, ernsten Gespräch gefragt, warum ich bei Wendt immer so gut sei und bei ihm–, er sprach es nicht aus, aber seine Handbewegung war deutlich.

Doch das war nicht verwunderlich, so, wie alles abgelaufen war. Gleich nach der Premiere von *Verwandlung* kam Ernst Wendt zu mir und erzählte, dass er *Ödipus* vorbereite und mich gern mit dem Kreon besetzen würde.

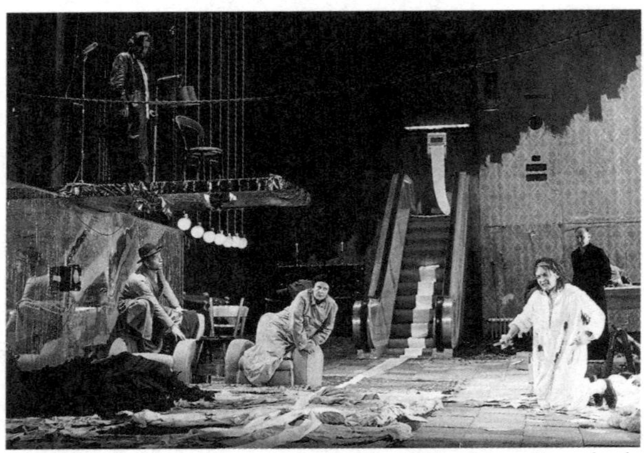

Claus Eberth, Charles Brauer, Doris Schade, Heide von Strombeck und Rudolf Wessely in Heiner Müllers Ödipus-Bearbeitung, Regie: Ernst Wendt, Bühne: Johannes Schütz, Münchner Kammerspiele, 1977

Als wir damit schon in den sommerlichen Vorproben für die zweite Spielzeit waren, bat mich Dieter Dorn zu sich. Er hatte ein Mammutprojekt vor sich, beide Teile von Wedekinds *Lulu*, also *Erdgeist* und *Die Büchse der Pandora*. Am Premierentag, einem Sonntag, sollten beide Teile an einem

Tag gespielt werden. Im zweiten Teil gibt es eine ziemlich doofe Rolle, einen Zuhälter, Casti-Piani, der nur im 2. Akt, der in Paris spielt, auftritt. Die Rolle sollte Heinz Bennent, Dorns fabelhafter Riccaut aus *Minna von Barnhelm* spielen. Doch der Kollege zeigte Dorn quasi einen Vogel. Also bat Dorn mich, die kleine Rolle zu übernehmen, er würde auch Rücksicht auf meine Ödipus-Proben nehmen.

Ich sagte zu, doch es waren fürchterliche Proben mit ihm. Er stand wohl unter großem Druck mit diesem Riesenprojekt. Auch lernte ich einen ganz anderen Regisseur kennen als den, den ich aus der Hamburger Zeit erinnerte. Er war eng und verkrampft, und ich kam überhaupt nicht mit ihm zu Rande. Es war denn auch typisch für diesen Abend, dass bei der Premiere Weingläser zerbrachen, was sie nicht sollten, Schauspieler Requisiten vergaßen, die sie bei sich hätten haben sollen, und Pistolenschüsse nicht funktionierten. Ein Abend zum Vergessen.

Dorn besetzte mich danach noch in dem Ensemblestück *Groß und Klein* von Botho Strauß mit der wundervollen Conny Froboess und all den tollen Schauspielern des Hauses. Dieses Ensemble war in der deutschen Theaterlandschaft damals etwas Besonderes und blieb es auch mit bedeutenden Inszenierungen von Dieter, als er ab 1983 das Haus als Intendant leitete.

Ich wurde das, was man einen Wendt-Schauspieler zu nennen pflegte, all die Jahre von 1978 bis 1983. Neben Arbeiten mit Gastregisseuren waren es die Inszenierungen von Wendt, bei denen ich das Glück hatte, dabei zu sein.

Es gab aber noch ein Glück für mich in München, doch das ist eine andere Geschichte.

HOCH IN DEN WOLKEN

In die Berge gehen? In den Bergen wandern? Ich, der schon weiche Knie bekam, wenn er aus dem vierten Stock eines Hauses in die Tiefe guckte! Bis in die Fünfzigerjahre war der Berliner Kreuzberg die höchste Erhebung, die ich kannte. Und das waren immerhin sechzig Meter, die wir Kinder im Winter auf unseren Schlitten zu bewältigen hatten.

1960, in der Sommerpause des Hamburger Schauspielhauses, wurde ich für ein Fernsehspiel des Bayerischen Rundfunks engagiert: *Philomena Maturano* – ein herrlicher Film mit Sophia Loren und Marcello Mastroianni, und bei uns spielten das Susi Nicoletti und Carl-Heinz Schroth, auch eine feine Besetzung.

Schön war, dass mein Freund und Kollege Ullrich Haupt zur gleichen Zeit in München zu tun hatte. An einem freien Tag lud er mich in seinen schnieken Zweisitzer, wissend, dass ich noch nie in den Alpen gewesen war, und überraschte mich mit einer Fahrt nach Garmisch-Partenkirchen. Es war ein herrlicher Sommertag, und schon die Fahrt im offenen Cabriolet war ein Erlebnis.

Dann sah ich, was ich vorher so noch nie gesehen hatte: eine imposante Kette von Bergen, manche noch schneebedeckt. Ulli hielt an, machte eine große Geste und zeigte auf das eindrucksvolle Panorama. Ich weiß noch, dass ich vollkommen still und überwältigt dasaß und mir Tränen in die Augen stiegen. Dieses Erlebnis blieb für mich einzigartig. Doch mir vorzustellen, in diesen Bergen herumzuwandern, das war mir damals vollkommen unmöglich.

Es änderte sich erst viele Jahre später und hatte mit meiner Lebensgefährtin Lisi zu tun. Lisi Mangold, die Schweizerin aus dem Baselland, mit ihren Beinen fest auf der Erde und ihrer Phantasie hoch in den Wolken, war eine wundersame und sehr besondere Kollegin an den Münchner Kammerspielen.

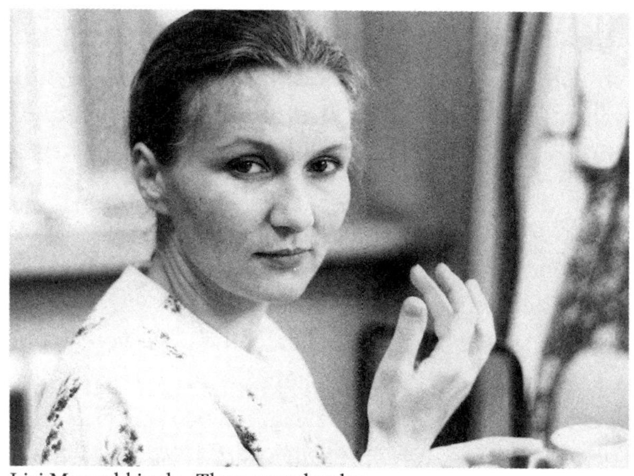

Lisi Mangold in der Theatergarderobe

1978 wurden wir ein Paar und blieben es bis zu ihrem Tod im Januar 1986.

In unseren ersten gemeinsamen Theaterferien wollte Lisi mit mir zwei Tage nach Arosa in die Bündner Berge fahren. Ihre Mutter machte dort Urlaub mit den Enkeln, und sie wollte ihr mit unserem Besuch eine Freude machen. Ich ahnte nicht, was sie heimlich geplant hatte, und freute mich auf die Reise, auf die Berge.

Lisis Heimatdorf Böckten hatte ich schon früher kennengelernt, doch die Hügel im Jura waren natürlich nicht zu vergleichen mit den Alpengipfeln, die ich nun zu sehen bekommen sollte. Im Zug bis Chur fühlte ich mich wohl; er fuhr im Tal an den steilen Berghängen vorbei. Doch dann begann die Fahrt mit der Rhätischen Bahn hinauf nach Arosa. Man saß gemütlich in den hübschen, roten Waggons, und es war faszinierend zu sehen, wie es langsam und stetig immer höher und höher ging. Doch dann, in einer langen Kurve, sah ich aus den Fenstern auf der einen Seite eine Felswand, und auf der anderen Seite ging es schwindelerregend steil tief hinunter in die Schlucht.

Mir schlotterten die Knie noch immer, als wir in Arosa aus dem Zug stiegen. Doch ich hatte überlebt, genoss das angenehme Abendessen en famille und war einverstanden, als Lisi für den nächsten Tag eine klitzekleine Wanderung vorschlug.

Am Morgen, als wir losmarschierten, war ich zwar etwas ängstlich, die Bilder der Fahrt hatten sich in meinen Kopf eingegraben, doch ich war auch neugierig. Es wurde ein Erlebnis, das mich bis heute geprägt hat. Mit jedem Schritt, den wir auf dem Wanderweg höher stiegen, veränderte sich der Blick in die Landschaft auf wunderbare Weise. Und vielleicht beeinflusste das auch meinen Blick auf die Welt. Die Tatsache, dass nichts festgeschrieben ist, dass jeder Schritt eine Veränderung bewirkt, die Sicherheit nur in einem selbst zu finden ist, konnte ich auf mein Leben, auf meinen Beruf übertragen.

Ich hatte auch zu meinem großen Erstaunen keinen einzigen Moment ein Schwindelgefühl. An meinen Füßen trug ich natürlich keine Wanderschuhe, sondern das, was man damals Turnschuhe nannte. Lisi erzählte gern, dass ich irgendwann auf den Bergwiesen vor Begeisterung herumgesprungen sei wie eine Berggeiß. Sie war selbst, so wie viele ihrer Landsleute, eine echte Berggeiß, und so fragte sie mich noch am selben Tag, ob ich mir auch mal Ferien in den Bergen vorstellen könne. Ich bejahte aus vollem Herzen.

Nun sind es in meinem Leben viele Bergferien geworden, und ich bin sehr glücklich, dass ich mit meiner Lilot, auch sie Schweizerin, auch sie eine Berggeiß, all das noch darf und kann.

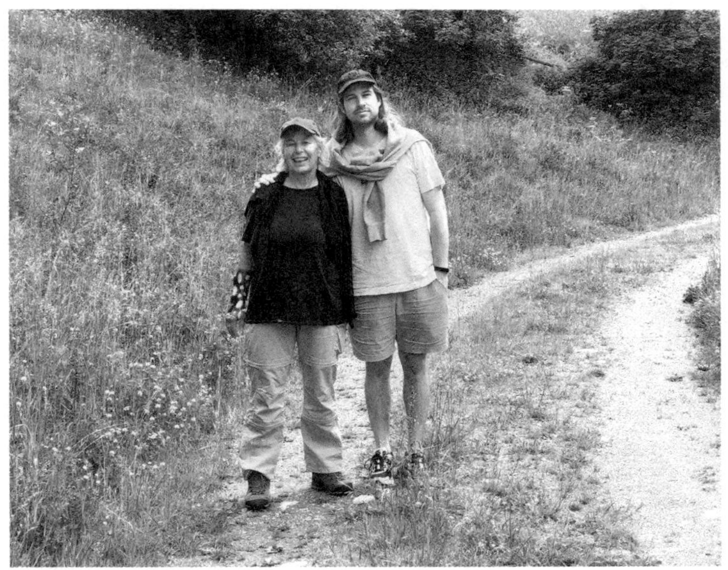
Lilot Hegi und Sohn Jonas beim Wandern

DAS BLAUE HAUS

Nach 27 Jahren in einem festen Ensemble, erst in Hamburg, dann in München, war es für mich wirklich genug. 1983 endete die Intendanz von Hans-Reinhard Müller, und zu den Schauspielerinnen und Schauspielern, die die Kammerspiele verließen – ob vom Nachfolger Dorn gewollt oder nicht –, gehörten Lisi Mangold und ich. Wir waren seit fünf Jahren ein Paar und waren uns einig, dass wir nicht in München wohnen bleiben wollten. Noch behielten wir die hübsche Wohnung an der Theresienwiese, aber es bot sich an, irgendetwas in Hamburg zu finden.

Ernst Wendts Inszenierung von Strindbergs *Fräulein Julie* war vom Hamburger Schauspielhaus übernommen worden, und da passte es gut, dass es neben Lisi, die die Titelrolle spielte, auch die beiden anderen Kollegen, Barbara Freier und Markus Boysen, nach Hamburg zog. Niels-Peter Rudolph, der Intendant des Hamburger Hauses, hatte ihnen feste Verträge angeboten. Da auch Ernst Wendt sich fest an das Schauspielhaus gebunden hatte, gab es für uns die schöne Aussicht, dort mit ihm weiterarbeiten zu können.

Doch erst einmal waren Ferien angesagt. Lisi und ich hatten, wie schon die Sommer davor, bei unserer Freundin Esther Herzog in ihrem großen Engadiner Haus ein Appartement gemietet. Ich war mit den Jahren ein begeisterter Wanderer geworden, wenn ich auch bis heute nicht gelernt habe, die so präzisen Schweizer Wanderkarten zu lesen. Von Ftan aus haben wir in all unseren Bergferien wunderbare Wanderungen gemacht. Das wollte ich auch unbedingt meinen Hamburger Kindern Stefanie und Florian vermitteln, die noch nie in den Bergen gewesen waren. Ihre Mutter Witta setzte die beiden ins Flugzeug nach München, dort holten wir sie ab und starteten am nächsten Tag in Lisis grüner Ente, ihrem kleinen Deux-Chevaux, ins Engadin; Lisi am Steuer, ich daneben und auf der Rückbank die beiden gickernden, gackernden vierzehnjährigen Zwillinge. Natürlich besaßen sie keine Wanderschuhe, meinten aber, dass es mit ihren Turnschuhen, so hieß es wohl damals, doch prima gehen müsste. Wanderschuhe – sowas Unmodisches! Irgendwann gelang es uns – die steinigen Wanderwege taten ein Übriges –, ihnen das passende Schuhwerk zu kaufen, und wir hatten sehr vergnügliche Ferien. Auch sie waren, wie ihr Vater, beeindruckt von der schönen Landschaft, von der weiten Sicht in die Schneeberge, von den Alpweiden, den Blumen und den eiskalten kleinen Seen.

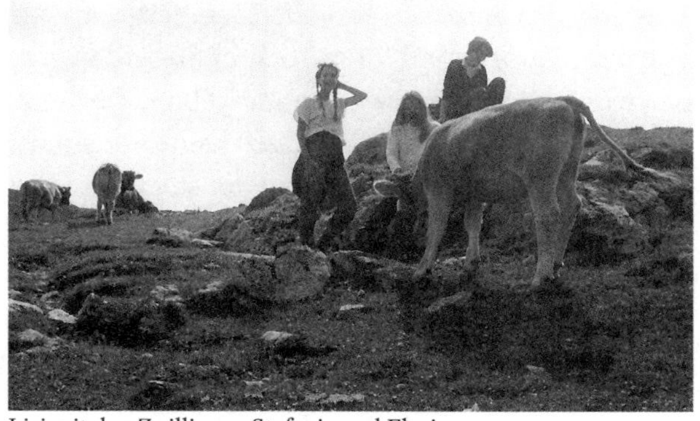
Lisi mit den Zwillingen Stefanie und Florian

Wir haben uns kein einziges Mal durch eine berufliche Verführung von unseren Bergferien abhalten lassen. Ich wollte unbedingt dieses Land, Lisis Land, besser kennenlernen. So blieben wir meist drei Wochen in Ftan, die restliche Ferienzeit gondelten wir mit der Ente durch das Land. Lisi hatte große Freude daran, mir die Berge, die Täler, die Seenlandschaften, die Städtchen und Dörfer der Schweiz zu zeigen. Doch in diesem letzten Feriensommer gab es einen Wermutstropfen. Lisi war die Trennung von den Kammerspielen nach so vielen erfolgreichen Jahren nicht leichtgefallen. Sie hatte Sehnsucht nach einem festen Punkt für all das, was beruflich vor ihr lag. Sie hatte einen Gastvertrag für Hamburg, und auch Claus Peymann, der Intendant in Bochum, hatte ihr Angebote gemacht.

In ihrem Heimatort Böckten besaß sie ein Haus, das ihr Vater, der Baumeister Mangold, ihr geschenkt hatte. Es war ein schönes Bauernhaus aus dem 18. Jahrhundert im Dorfkern, im «Hinterdorf» am Brunnen. Freunde der Familie bewohnten es, denn es rechnete niemand damit, dass Lisi, jung wie sie war, zurück in ihr Heimatdorf ins Baselland ziehen wollte. Doch genau das hatte sie sich überlegt, und sie fragte mich, was ich davon hielte, wenn dieses Siebenhundert-Seelen-Dorf unser Lebensmittelpunkt werden würde.

Ich fand das eine wundervolle Idee. Ich war ja mittlerweile von ihrer Familie und ihren Böckter Freunden gut aufgenommen worden, das Haus war wunderschön, die Landschaft genauso. Beruflich musste ich mir auch keine Sorgen machen, obwohl ich jetzt ja das war, was man heute einen «Free-Lancer» nennt, ein Schauspieler ohne festen Vertrag an einem Theater. Doch auf mich wartete im Herbst 1983 ein TV-Zweiteiler, der auch zum Teil, und das fand ich natürlich herrlich, in New York City gedreht werden sollte, ein Film über den raffinierten Geldraub bei der deutschen Lufthansa durch die amerikanische Mafia. Unter dem Titel *Der Millionen-Coup* wurde er später bei der ARD gesendet. Es gab auch noch andere Anfragen bei meiner Agentur, also war ich ganz entspannt. Für mich als Nicht-Autofahrer war natürlich die Lage des Dorfes in der Nähe von Basel von großem Vorteil. Die Zugverbindungen in der Schweiz waren hervorragend, und Basel hatte einen Flughafen.

Es hat allerdings dann doch gut zwei Jahre gedauert, bis wir in das Haus einziehen konnten. Lisi hatte sehr genaue

Vorstellungen vom Umbau und für den Garten, und so wurde es Sommer 1985, bis wir zum Einweihungsfest einladen konnten. Ein großes Fest sollte es werden, den ganzen Tag über, und mein fünfzigster Geburtstag sollte gleich mitgefeiert werden.

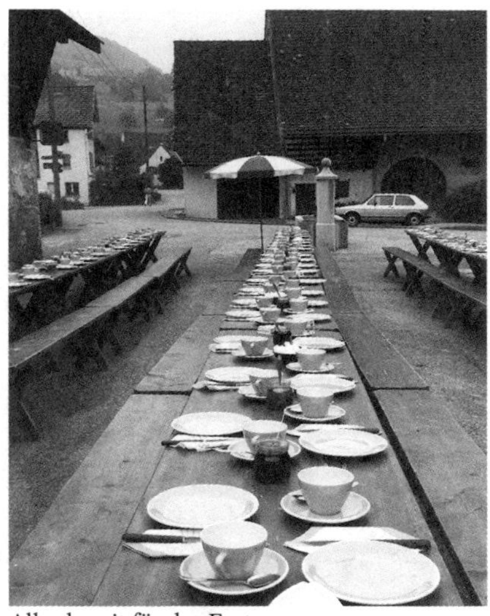

Alles bereit für das Fest

Wir hatten Glück mit dem Wetter. Vor dem Haus war genug Platz für viele Tische und Bänke, und schon am Morgen begann das Fest; die ersten Gäste kamen, und es gab selbst gebackenes Brot und «Comfi», eigene Marmelade. Ein großer Grill versorgte den ganzen Tag und Abend die vielen Gäste mit Köstlichkeiten, Nachbarn brachten Salate und Desserts, auch die Musik fehlte nicht. Das halbe Dorf war da, Lisis Familie natürlich, auch mein Bruder mit seiner Frau war gekommen und hatte seine Gitarre mitgebracht, mit der er uns am Abend erfreute. Meine Mutter kam aus Berlin geflogen und für sie wie für mich war dieser Tag ein ganz besonderer Tag. Sie sah, dass ich angekommen war, ein Zuhause hatte, von dem ich hoffte, dass es für immer war.

Das ist jetzt 37 Jahre her, und der Ort Böckten ist immer noch mein Zuhause.

Ein halbes Jahr nach unserem Fest starb Lisi an einem heimtückischen Hautkrebs.

Sie war befreundet mit der Bühnenbildnerin Lilot Hegi, die nun schon viele Jahre mit mir verheiratet ist. Lange schon wohnen wir in einem anderen Haus, oben am Waldrand und nicht mehr am Dorfplatz. Unser Sohn hat hier im Baselland eine glückliche Kindheit und all die Zeit bis zum Erwachsenwerden verbringen können.

Nach Arbeitstagen in Köln, um ein Hörbuch aufzunehmen, oder nach ein paar Drehtagen im Norden, nach Lesungen in vielen Städten Deutschlands bin ich immer überglücklich, in unser grünes Paradies zurückzukommen. Auch nach unseren schönen Reisen nach London, Paris oder Venedig, nach unseren Wanderferien in den Bergen freue ich mich auf unser blaues Haus, auf den Garten und auf die Wiesen hinter dem Haus, auf die ich bei meiner Abendzigarre hinausschaue.

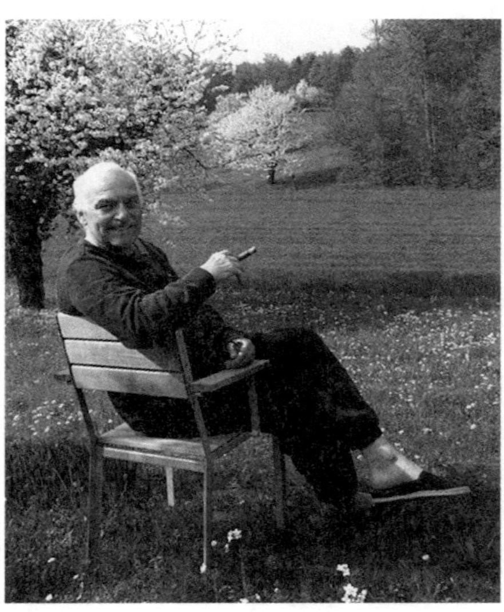

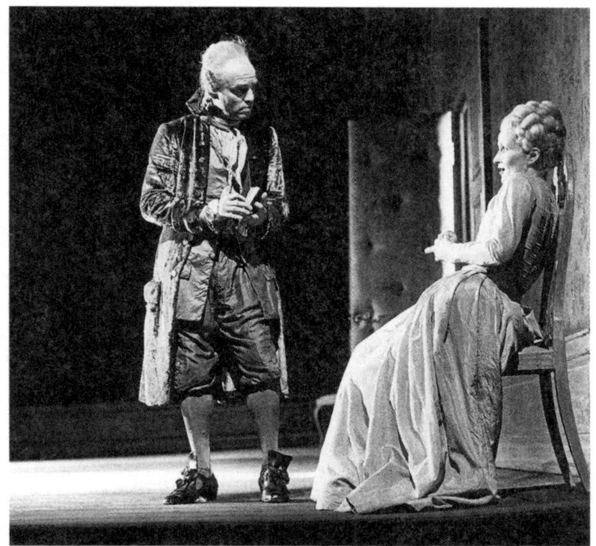

Lisi Mangold als Minna und Charles Brauer als Riccaut de la Marlinière in Lessings *Minna von Barnhelm*, Regie: Ernst Wendt, Deutsches Schauspielhaus in Hamburg, 1984

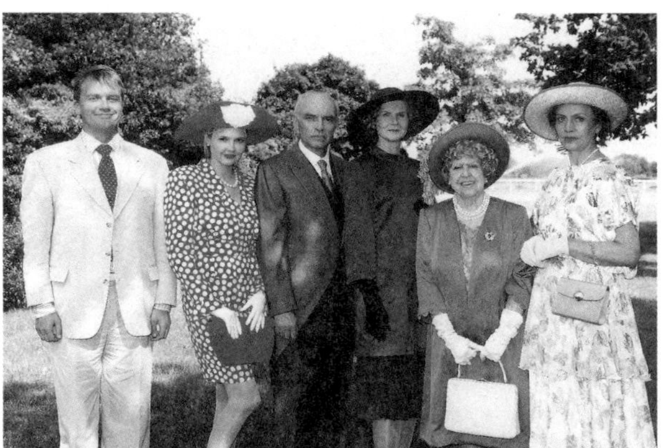

In Hape Kerkelings Fernsehfilm *Willi und die Windzors* spielte Charles 1996 Prinz Philip. Hier mit Hape Kerkeling, Katharina Schubert, Irm Hermann, Brigitte Mira und Elisabeth Ebeling

FINNISCHE WÄLDER UND HAMBURGER TATORTE

«Können Sie sich vorstellen, in unserem *Tatort* Partner von Manfred Krug zu sein?»

Das ist so eine der Fragen, die unsereinen erfreuen, aber auch verwirren, weil man irgendwie ahnt, dass die Antwort eine wichtige Entscheidung für die berufliche Zukunft sein könnte. Dieter Meichsner hatte mich das am Telefon gefragt, der damalige Chef des Fernsehspiels beim Norddeutschen Rundfunk. Nun gab es und gibt es immer noch wenige Dinge, die ich mir für mein Leben und meinen Beruf nicht vorstellen könnte.

Wie kam es zu dieser Frage? Es war vermutlich so einfach oder so kompliziert, wie so vieles, was sich in diesem Beruf ergibt.

Es war noch nicht lange her, da hatte ich für den NDR in einem Sechsteiler eine der Hauptrollen gespielt. Es war eine Art abenteuerliche Marco-Polo-Geschichte zur Zeit des Dreißigjährigen Krieges – damals in den Achtzigerjahren eine teure und aufwendige Geschichte. Das Handelshaus der Fugger in Augsburg versucht, trotz aller Widrigkeiten des Krieges seinen Handel mit China aufrechtzuerhalten, und schickt eine kleine Gruppe mutiger Leute los, einen neuen Handelsweg über Land zu erkunden. Ich spielte einen Missionar, der sich, vom Krieg in Europa festgehalten, dieser Gruppe anschließt, um endlich wieder in seine Missionsstation in Peking zurückkehren zu können. All das zu Pferd, und gedreht wurde in englischer Sprache, da der NDR versuchte, die teure Produktion an ausländische Sender zu verkaufen. Das gelang auch, und irgendwann wurde unser Sechsteiler in den USA ausgestrahlt. Dort hieß er *The Secret of the*

Black Dragon, bei uns hatte er den schönen Titel *Jenseits der Morgenröte*. Sechs lange Monate, von März bis August 1984, war eine bunte Truppe intensiv damit beschäftigt, diese Geschichte in den Kasten zu kriegen.

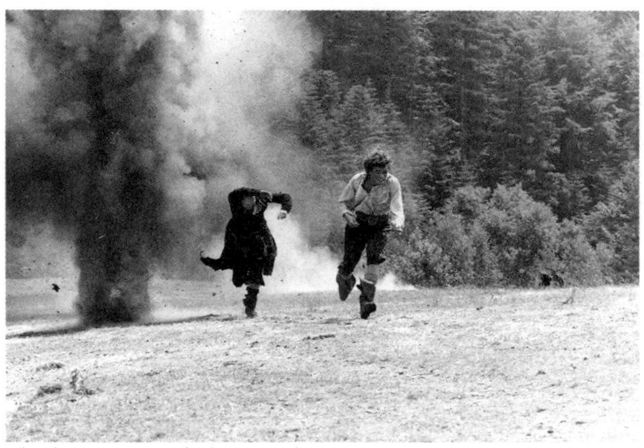

Charles Brauer und Thomas Ohrner

Der junge Tommi Ohrner, der 1979 mit dem ZDF-Mehrteiler *Timm Thaler* zum Kinderstar geworden war, und ich waren die beiden einzigen deutschsprachigen Schauspieler, die anderen kamen aus aller Herren Länder. Mein Hauptpartner war der durch seine Rolle als Oberschurke im James-Bond-Film *In tödlicher Mission* international bekannte Engländer Julian Glover. Er half mir bei meinem Englisch: «Charlie, your lesson for today!», und ich bin mit ihm und seiner Familie bis heute eng befreundet.

Es war klar, dass wir nicht in der damaligen Sowjetunion drehen konnten und schon gar nicht in Sibirien, also wurden die finnischen Wälder bei minus 20 Grad und die Berge und Steppen Jugoslawiens die Spielorte für unser Epos. Wie gesagt, all das zu Pferd. Nun ja, das Glück dieser Erde auf dem Rücken der Pferde – dieser Spruch traf auf mich wirklich nicht zu. Ich hatte immer einen Riesenrespekt vor diesen

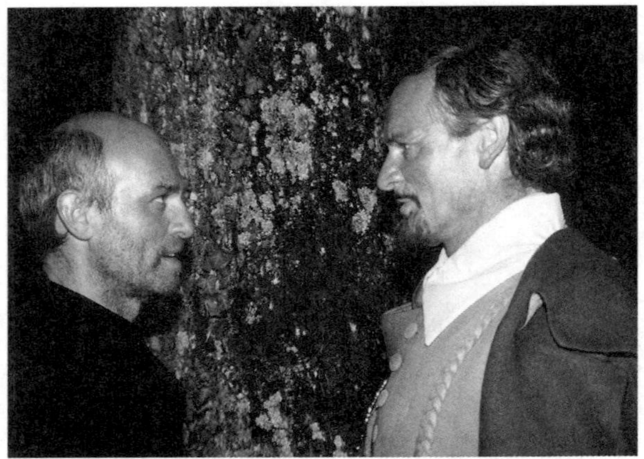
Charles Brauer und Julian Glover

Tieren, die in all ihrer Eleganz und Schönheit so schreckhaft und anscheinend immer auf der Flucht sind. Das lernte ich in den vielen Reitstunden, die ich für diese Produktion nahm, hier, im Nachbardorf meiner jetzigen Heimat. So richtig unbegabt war ich wohl nicht und manchmal hatte ich auch richtig Freude daran, so ein Tier lenken zu können, Richtung und Tempo zu bestimmen.

Ich fühlte mich ziemlich sicher, als wir für die ersten Drehtage von Helsinki aus hoch in den karelischen Norden fuhren. Mitten in der Wildnis war ein großes Hotel-Resort ganz und gar für die Produktion gemietet. Eigentlich hätten auch schon die Männer aus Jugoslawien, die für die Pferde und die Stunts engagiert worden waren, vor Ort sein sollen. Stattdessen war unser Filmarchitekt, der sich als Pferdekenner ausgegeben hatte, unterwegs zu den örtlichen Bauern, um sich dort Pferde zu besorgen. Am ersten Drehtag wurden uns die Pferde zugeteilt. Ich bekam einen jungen Hengst, der von Anfang an nervös und hippelig war und nur Augen für die Stuten hatte.

Der erste Drehtag war ein Montag. Am Wochenende waren die Pferde nicht bewegt worden. Kaum saß ich im Sattel, galoppierte das Pferd mit mir davon. Ich hatte schreckliche Mühe, oben zu bleiben, aber es gelang mir, und als das Pferd sich beruhigt hatte und ich langsam wieder zurückgeritten kam, erntete ich Schulterklopfen und Applaus. Ein paar Tage später, das Thermometer zeigte wieder 20 Grad minus, drehten wir auf einem zugefrorenen See, der mitten in einer eindrucksvollen, tief verschneiten Landschaft lag. Wir sechs Schauspieler saßen in einer Reihe auf unseren Pferden und hatten in der Ferne etwas zu beobachten. Vor uns eine Schiene, auf der die Kamera langsam an uns vorbeifuhr und unsere Gesichter filmte. Auf das übliche «Klappe schlagen» und das laute «Kamera läuft» wurde nach den Erfahrungen mit den schreckhaften Tieren verzichtet. Doch plötzlich, ohne mein Zutun, stieg mein Pferd auf die Hinterbeine, und ich tat natürlich genau das Falsche: Statt mich an der Mähne des Tieres festzuhalten, riss ich an den Zügeln. Das Pferd rutschte auf dem Eis weg, ich fiel auf den Rücken und das Pferd auf mich. Das Pferd stand schnell wieder auf den Beinen, während ich mir die Seele aus dem Leib schrie.

Sigi Rothemund, unser Regisseur, erzählte mir später, dass er das Schlimmste befürchtet hatte. Erstaunlicherweise vergingen keine dreißig Minuten, bis mich ein Krankenwagen wegbrachte. Ich hatte Glück, es gab nur Rippenbrüche, und drei Tage später saß ich auf einem gepolsterten Holzblock, der so bewegt wurde, dass es für die Kamera aussah, als säße ich auf einem Pferd. Meine Brust war fest bandagiert und es durften keine Witze in meiner Gegenwart gemacht werden, denn Lachen tat furchtbar weh.

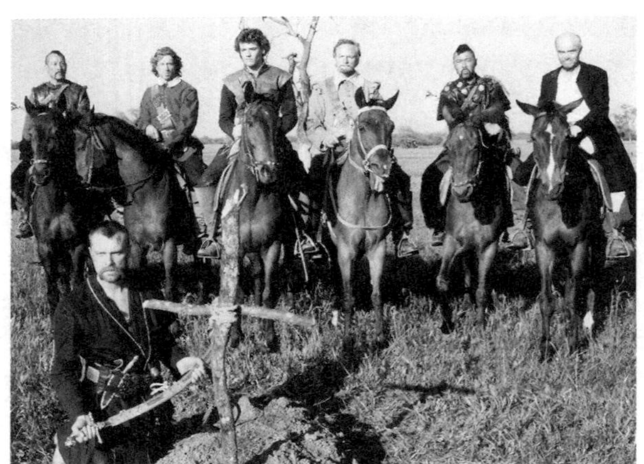

Szenenfoto aus *Jenseits der Morgenröte*

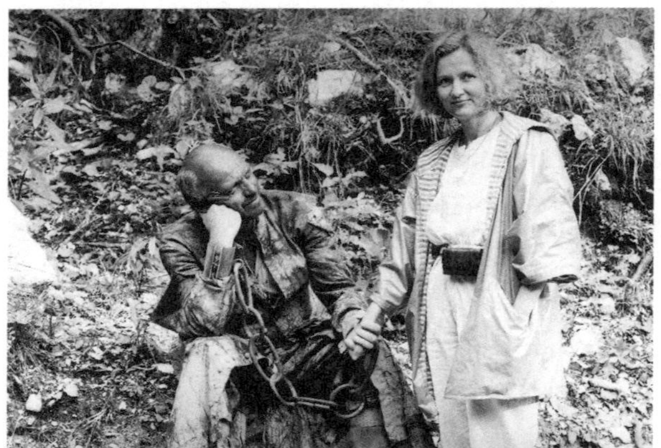

Lisi besucht ihren verunglückten Charlie bei den Dreharbeiten

Trotz dieses schlimmen Unfalls, trotz der fünf gebrochenen Rippen denke ich sehr, sehr gerne an diese Zeit zurück. Wir waren eine ziemlich tolle Truppe. Als Komparserie wurde ein ganzes tibetisches Dorf aus der Schweiz eingeflogen. Wie ich ja sowieso der Meinung bin, dass Filmarbeit eine gemeinschaftliche Arbeit ist. Eine Produktionszeit, so lang wie es die unsrige war, kann außerordentlich befriedigend sein.

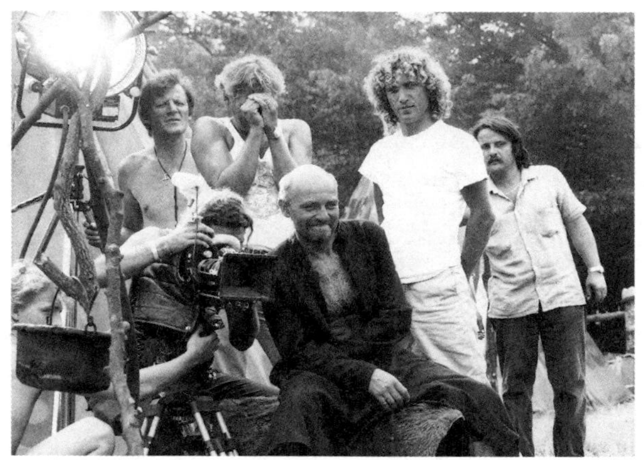

Bei den Dreharbeiten in Jugoslawien 1984

Schwieriger ist es, wenn ein Team nur aus einem Duo besteht, wie bei mir und Manfred Krug. Bei unseren *Tatort*-Folgen gab es um uns herum immer eine Menge Wechsel. Doch wir brachten es trotzdem auf sechzehn gemeinsame Arbeitsjahre.

Krug hatte vor unseren gemeinsamen Filmen schon drei *Tatorte* als Kommissar für den NDR gedreht. Sein Versuch, so à la Columbo als einsamer Wolf die Mordfälle zu lösen, ging nicht recht auf. Zudem war er nicht glücklich mit der Qualität der Drehbücher. Die Produktion fand nun, es wäre besser, wenn er einen Partner an seiner Seite hätte, mit dem er sich austauschen könnte. Das war der Grund für den Anruf von Dieter Meichsner. Krug kannte mich nicht. Er kenne nur Schauspieler, mit denen er gespielt habe, kam es berlinisch flapsig durch das Telefon, als man ihm meinen Namen nannte.

Ich wusste, wer er war, und auch, welche Bedeutung er als Schauspieler und Sänger bis zu seiner Ausreise aus der DDR 1977 dort gehabt hatte.

So lernten wir uns also kennen, wurden auf dem Gelände des Studio Hamburg im dortigen Restaurant sozusagen zusammengeführt. Da stand er nun vor mir, dieser große Kerl, und reichte mir seine kräftige, überraschend weiche Patschhand. Er gefiel mir sofort, vielleicht, weil er, obwohl ja gebürtiger Duisburger, diesen für mich so heimatlichen berlinischen Ton hatte. Es gefiel mir auch, dass er gleich zur Sache kam und wir uns über unsere Erfahrungen mit Autoren und Drehbüchern austauschten. Wir waren uns beide einig, dass ein guter Film zuallererst ein gutes Drehbuch braucht. Wir ahnten nicht, wie oft wir dann vor beinah jedem Drehbeginn mit Regisseur und Dramaturgin zusammensitzen sollten, um das Skript zu verbessern. Es ging uns dabei nie um unsere Rollen, sondern immer um das Ganze. So wurde manches explodierende Auto, manche Knallerei gestrichen zugunsten eines möglichst eleganten Dialogs. Auch auf das Herumfuchteln mit Pistolen wollten wir unbedingt so oft wie möglich verzichten.

Krug hatte sich auch etwas schlau gemacht und wusste, dass er sowas wie einen «Theaterluden», so nannte er das, neben sich haben würde, im Gegensatz zu ihm, der mit Theater wenig am Hut hatte.

Im Herbst 1985 sollten gleich zwei *Tatorte* hintereinander gedreht werden, wir hatten also eine Menge Zeit, uns kennenzulernen. Nach dem ersten Drehtag waren wir beruhigt, so meine ich, weil wir beide das Gefühl hatten, es könne mit uns funktionieren. Das Gefühl verstärkte sich in den nächsten Tagen. Etwas Erstaunliches kam für mich hinzu: Bis dato hatte ich noch nie mit einem Schauspieler gearbeitet, der den Raum, den die Kamera einem Darsteller gibt, so perfekt zu nutzen verstand. Ganz bestimmt war er der professionellste Filmschauspieler, mit dem ich jemals zu tun hatte. Aber er liebte es auch, den großen Besserwisser zu spielen, zum Beispiel den Kameramann mal ganz en passant zu fragen, ob für diese Einstellung nicht ein anderes Objektiv das Bessere wäre.

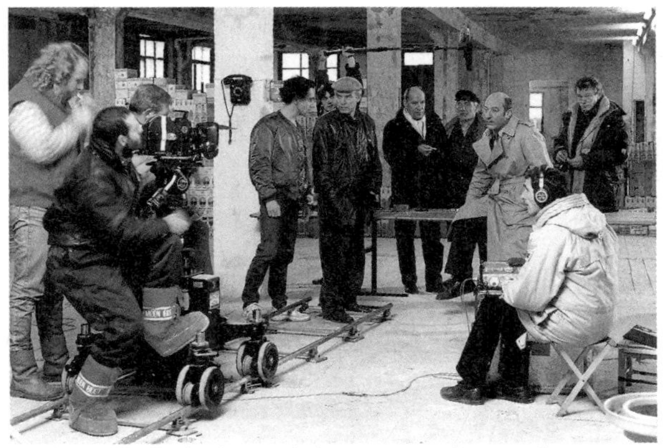

Bei den *Tatort*-Dreharbeiten, links Dieter Landuris, in der Mitte der Regisseur Jürgen Roland mit Zigarette

Ohnehin galt er als schwierig, doch ich habe immer gern mit angeblich schwierigen Schauspielern gearbeitet wie Götz George oder Klaus Löwitsch, aber bei ihnen wie eben auch bei Manfred ging es immer um die Sache, immer darum, die Szene, die Einstellung noch besser zu machen.

Wir erlebten noch die schönen Zeiten, als man am Abend mit einer Zigarre und einem Glas Rotwein in der Hotellobby sitzen durfte, um den Text für den nächsten Tag vorzubereiten. Es gab oft lange Wartezeiten an den Drehorten, die wir in unserem gemeinsamen Wohnwagen verbrachten. Beiden war es uns zuwider, vor dem anderen ein Pfauenrad zu schlagen, zu zeigen, wer und was man ist.

Und schnell stellte sich auch heraus, dass wir die gleiche Musik, den Jazz, liebten. «Ach, das kennste auch?», fiel oft, wenn der eine oder der andere von uns eine Melodie summte oder trällerte. «Warum nutzen wir das eigentlich nicht?», hieß es aus der Chefetage, und im nächsten Film, in einer Szene in einer Kneipe auf der Insel Neuwerk, sangen wir den wunderbaren Song *Somewhere over the Rainbow*.

Fortan wurde in jede der nächsten sechzehn *Tatort*-Folgen, bis zu unserem letzten Film, eine kleine Gesangseinlage eingebaut, höchstens eine Minute lang, eigentlich nur eine Petitesse. Ich sang nicht nur, ich spielte auch Mundharmonika, das heißt, ich tat so, denn ich kann gar nicht Mundharmonika spielen. Vorab wurde ein Playback erstellt, zu dem Manfred dann die Tasten eines stummen Keyboards drückte – obwohl er tatsächlich etwas Klavier spielen konnte –, und ich blies in eine Mundharmonika. Meinen Part hatte Steve Baker eingespielt, ein gebürtiger Brite und der bekannteste Mundharmonikaspieler in Deutschland. Ich habe Freunde, die mich lobten: «Sag, mal, das ist ja toll, wie du spielst ...» Aber das gehört zur Schauspielerei, dass man sowas so gut wie nur möglich spielt.

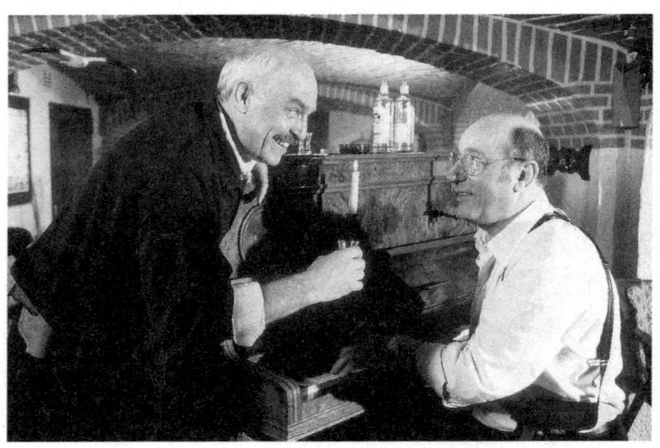

Die Leute mochten unsere Singerei wahnsinnig gerne, und es wurde sogar behauptet, wegen der Musik gebe es noch mehr Zuschauer. Natürlich meinten manche Autoren: «Also hier passt nun überhaupt kein Song rein.» Aber mittlerweile waren wir erfolgreich genug, um sagen zu können: «Lass das mal unsere Sorge sein, wir tun deinem Skript schon nichts Böses an und bringen das an der richtigen Stelle unter.»

Als dann die CD *Tatort – die Songs* auf dem Markt erschien, schrieb mir Manfred: «Du, wir müssen uns an ein neues Wort gewöhnen: Charts!» Auf einen Rutsch kamen wir unter die ersten zehn der Musikliste. Noch wichtiger aber war wohl, dass damit Manfreds musikalisches Comeback eingeleitet wurde.

Wenn dieses Buch erscheint, werden es mehr als sechs Jahre sein, dass Manfred uns verlassen hat. Sehr bald nach seinem Tod hatte sein Agent die Idee, ihm eine Hommage zu widmen. Seine Musiker, die ihn all die Jahre immer begleitet hatten, waren dabei: Andreas Bicking, Mathias Bätzel, Tom Götze und last, not least Wolfgang «Zicke» Schneider, ebenso seine wunderbare Gesangspartnerin Uschi Brüning, dazu die Tochter Fanny und später auch der Sohn Daniel.

Ich moderierte den Abend und erzählte einiges aus unserem gemeinsamen Nähkästchen. Durch diese Abende, die wir in vielen Städten veranstalteten, haben sich die Menschen noch einmal an den besonderen Künstler Manfred Krug erinnern können.

Und ich werde diesen Mann bis ans Ende meiner Tage vermissen.

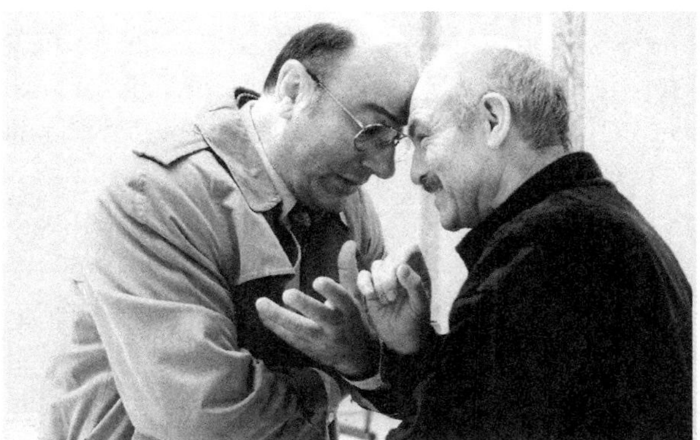

MUSIK NEBEN UND AUF DER BÜHNE

«In meinem Elternhaus hingen keine Gainsboroughs / wurde auch kein Chopin gespielt ...»

So beginnt Gottfried Benns Gedicht *Teils-teils*, und es gehört zum festen Programm bei einigen meiner öffentlichen Lesungen. Vermutlich gab es in Benns Elternhaus auch kein Radio, wohl aber, es ist nachzulesen, in seinem späteren Leben. In den elterlichen Wohnungen meiner Kindheit gab es immer ein Radio, ein Leben ohne Rundfunk war nicht vorstellbar, die Zeit der Evakuierung in Sachsen ausgenommen. Bei uns lief das Radio den ganzen Tag, und meine Mutter trällerte mit ihrer hübschen Stimme alle Schlager mit, so dass mir Texte und Melodien aus jener Zeit sehr vertraut sind. Die Eltern hatten auch eine kleine Sammlung Schelllack-Platten mit Aufnahmen amerikanischer Swing-Orchester und natürlich einen Plattenspieler, doch diese Dinge haben, wie fast alles andere, den Krieg nicht überstanden.

Die Besatzungsmächte richteten gleich nach dem Ende des Krieges eigene Sender ein: British Forces Network und American Forces Network, der AFN, der für mich die Tür zum Jazz öffnete. Um die Mittagszeit gab es immer eine gute Sendung, aber ich hing vor allem bei *Frolic at Five* am Radio. Da konnte ich all das hören, was zu dieser Zeit im Jazz angesagt war. Während der Nazizeit war es ja unmöglich gewesen, Louis Armstrong oder Bing Crosby oder den jungen Frank Sinatra zu hören. Alle ihre wunderbaren Songs und Musikstücke kamen nun aus unserem Radio, und ich fand sie großartig. Wann immer meine Schularbeiten es zuließen, schaltete ich den Kasten an und sog diese Musik in mich hinein. Es spielte natürlich eine wichtige Rolle, dass ich durch meine Arbeit für Film und Theater auf Menschen traf, die sich über

Musik und Literatur unterhielten, über so vieles, das mir fremd und unbekannt war. Mein Lieblingsautor bis zu meinem vierzehnten Lebensjahr hieß Karl May.

Doch ich war wissbegierig und neugierig und war denn auch sofort dabei, als es in der Schule die Möglichkeit gab, über den «Kulturring der Jugend» für wenig Geld Karten für Konzerte der Berliner Philharmoniker zu bekommen. Diese fanden nach dem Krieg behelfsmäßig im Steglitzer «Titania-Palast» statt, einem für mich wunderschönen Saal. Dort mit all den vielen Menschen zu sitzen und zum ersten Mal eine Symphonie von Beethoven zu hören, gehört für mich zu den eindrücklichsten Erlebnissen meiner Jugendzeit.

So hatte ich – bis heute unvergessen – das Glück, Bruno Walter, Erich Kleiber und auch Sergiu Celibidache zu erleben, der eine Zeit lang interimistisch das Orchester leitete, bis dann 1952 Wilhelm Furtwängler dessen Chef wurde. Über Furtwänglers Entnazifizierung und die Vernehmungen dieses weltberühmten Dirigenten durch einen amerikanischen Offizier hat der britische Theaterautor Ronald Harwood ein Stück geschrieben. Es heißt im Original *Taking Sides* und wurde hierzulande unter dem Titel *Der Fall Furtwängler* an vielen Theatern aufgeführt. Damals, als jugendlicher Konzertbesucher, war ich zutiefst beeindruckt von diesem Dirigenten und konnte natürlich nicht ahnen, dass ich mich viel später als Schauspieler mit diesem Menschen auseinandersetzen würde. Wir zeigten das fabelhafte Stück 180 Mal auf Tournee, mit Manfred Zapatka in der Rolle des banausenhaften Vernehmungsoffiziers, den er glänzend spielte – für den Amerikaner war Furtwängler nichts anderes als irgendein Bandleader und vor allem ein Nazi. Wir fühlten uns natürlich sehr geehrt, dass der Oscarpreisträger Harwood unsere Vorstellung besuchte und uns im Vergleich zur Londoner Aufführung sehr lobte.

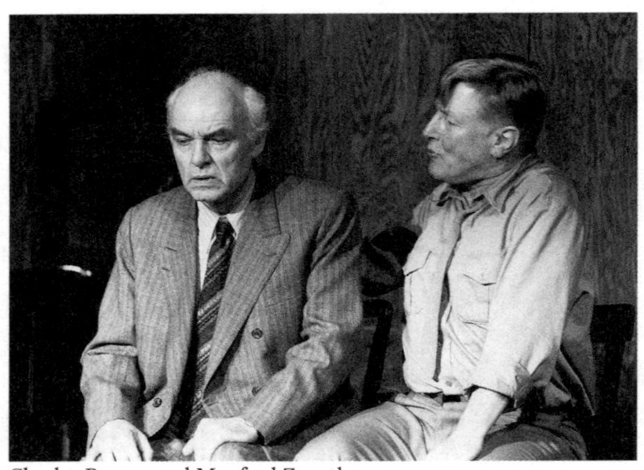
Charles Brauer und Manfred Zapatka

Wie sehr mich als vierzehn-, fünfzehnjährigen Jugendlichen die Konzerte der Berliner Philharmoniker beeindruckt haben, erzählt diese kleine Geschichte: Im Wohnzimmer unserer Schöneberger Wohnung gab es zum Hof hin zwei Fenster. Irgendwann waren sie sogar aus Glas. Als wir im Herbst 1945 dort einzogen, waren nur Pappen oder bizarrerweise Röntgenplatten in den Rahmen. Schaute man jetzt hinaus, guckte man in die Fenster des Nachbarhauses, denn unsere Höfe waren nur durch eine nicht sehr hohe Mauer getrennt. Da ich auf keinen Fall bei meiner geheimen Tätigkeit gesehen werden wollte, stellte ich mich mit dem Rücken zur Wand zwischen die beiden Fenster. Und was machte ich? Ich dirigierte wie wild drauflos zu irgendeiner klassischen Musik aus dem Radio. Wenn ich die Augen schloss, wurde aus unserem Wohnzimmer ein Orchesterpodium.

Wie dankbar und auch glücklich bin ich, dass sich in meiner Jugendzeit die Türen zur Musik so weit geöffnet haben und ich mit Begeisterung mein erstes Berliner Konzert *Jazz at the Philharmonic* in den Fünfzigern und danach viele wunderbare Konzerte in Hamburg, München und anderswo hören konnte, Musiker wie Oscar Peterson, Miles Davis, Gene Krupa oder Ben Webster erlebte und vor allem Ella Fitzgerald, für mich die bedeutendste Jazzsängerin, die es gab. Ob in der Klassik oder im Jazz, immer habe ich Musiker bewundert und hatte dann in meinem Beruf ja auch oft Gelegenheit, mit Musikern zu arbeiten. Leider spiele ich selbst kein Instrument, meine frühen Versuche auf dem Klavier sind ziemlich versandet. Doch als Schauspieler habe ich, wenn auch keine Opern singend, als Instrument meine Stimme.

Als Stefan Soltesz 1997 Intendant des Aalto-Theaters, des Essener Opernhauses wurde, plante er für seine erste Spielzeit auch ein Musical. *My Fair Lady* sollte es sein, und Soltesz war auf der Suche nach einem Darsteller für die Partie des Professor Higgins. Ob Zufall oder nicht, er hatte mich im *Tatort* singen gehört, griff zum Telefon und fragte mich, ob ich mir vorstellen könne, diesen Higgins bei ihm zu spielen. Natürlich fällt einem Rex Harrison ein, wenn man an diese Rolle denkt. Er hatte diese Rolle geprägt, sie am Broadway gespielt und war in der großartigen Verfilmung 1965 der Partner von Audrey Hepburn, bekam dafür auch hochverdient einen Oscar.

Nun ist Higgins keine wirkliche Gesangsrolle, aber auch bei diesem Sprechgesang waren die Töne präzise zu treffen und brauchte es ein Gefühl für die Songs. Es war ein Riesenspaß und eine gewaltige Herausforderung, vor allem, als ich dann das erste Mal vor dem großen Orchester auf der Bühne stand, nicht mehr allein im Übungsraum mit dem Korrepetitor. Jetzt ging wirklich die Post ab! Dann zu spüren, dass es stimmte, dass ich dem gewachsen war, dass meine Interpretation der Songs gut war – das gab mir ein wirkliches Glücksgefühl.

Das Musical blieb über vier Jahre im Repertoire, und ich hatte gute Kollegen um mich. Bis zu seinem Tod 1999 spielte Ulrich Wildgruber den Doolittle, er hatte es geliebt, in dieser Aufführung dabei zu sein.

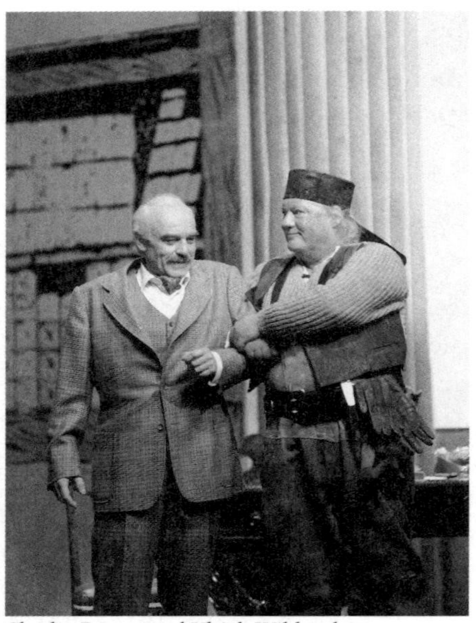

Charles Brauer und Ulrich Wildgruber
in Lerner/Loewes *My Fair Lady*,
Regie: Karl Wesseler, Aaalto-Theater, Essen

Wenn auch in einer reinen Sprechrolle, so doch auf einer großen Opernbühne stand ich schon davor einmal, 1987 in Mozarts *Entführung aus dem Serail* in Stuttgart. Lilot Hegi, meine Frau, war für Bühne und Kostüme verantwortlich, und ich war eigentlich nur mitgekommen, um für unseren kleinen Sohn da zu sein, der gerade mal eben sieben Monate alt war. Doch es kam anders, weil Uli Wildgruber, der den Bassa Selim spielen sollte, absagen musste, und mich daraufhin Niels-Peter Rudolph, der Regisseur, fragte, ob ich die Rolle spielen würde.

Rückblickend kann ich sagen, dass ich in meiner Doppelrolle als Babysitter und Bassa Selim doch ziemlich erfolgreich war. Und darüber hinaus eine meiner schönsten Erinnerungen mitnehmen konnte: Wie unser kleiner Sohn auf dem blauen Teppich im Foyer der Staatsoper seine ersten Krabbelversuche unternahm und als noch nicht Einjähriger in der Zuschauerloge seine erste Oper zu hören und zu sehen bekam.

«Ohne Quote keine Note», kalauerten Krug und ich, nachdem wir zum ersten Mal in einer *Tatort*-Folge gesungen hatten. Wir waren überhaupt nicht sicher, ob das Publikum unsere Singerei mögen würde. Hätte es abgewinkt, hätten wir es sofort wieder sein lassen. Doch der NDR konnte sich freuen. Die Zuschauer mochten unsere Musik. Und später hieß es sogar – Mordfall hin oder her –, dass es sehr viele waren, die gerade auf die Songs warteten.

Es ist schon «ein seltsam Ding», wie eine Serie wie der *Tatort* die Karriere eines Schauspielers beeinflussen kann. Da spielt man möglicherweise ein Leben lang Theater an erstklassigen Häusern, aber die Bekanntheit ist nicht vergleichbar mit derjenigen, die man erwirbt, wenn man regelmäßig in einer Serie auf dem Bildschirm zu sehen ist. Es ist ein Ruhm – oder wie wir immer flachsten: ein «Rühmchen» – mit sehr praktischen Konsequenzen. Hätte ich sonst den Higgins in *My Fair Lady* an der Essener Oper gespielt? Oder wären Frau Meier oder Herr Müller in Bottrop oder Schopfheim oder anderen Städten ins Theater gegangen, um mich in einem Gastspiel wie dem Stück *Der Fall Furtwängler* zu sehen? Hätte man mich gefragt, die Romane John Grishams und anderes als Hörbücher einzulesen?

Ohne diesen Grad an Fernseh-Bekanntheit wäre all das wohl nicht so gewesen. Doch dass heutzutage Fernsehproduzenten Rollenbesetzungen davon abhängig machen, wie viele «Follower» ein Schauspieler in Facebook hat, scheint mir doch sehr kritisierbar. So wie es unabdingbar ist, dass ein guter Film ein gutes Drehbuch hat, so unzweifelhaft ist es, dass man ohne Begabung, ohne die lebensnotwendige Neugier und ohne Stehvermögen in meinem Beruf keine Karriere macht.

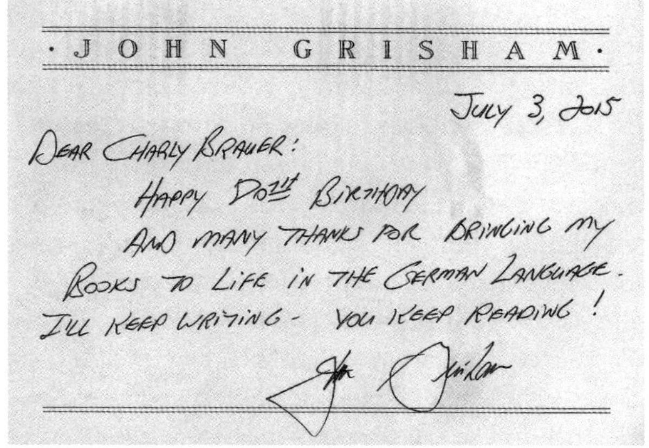

· JOHN GRISHAM ·

July 3, 2015

Dear Charly Brauer:

Happy 80th Birthday

And many thanks for bringing my Books to life in the German language.

I'll keep writing - you keep reading!

John Grisham

John Grishams Brief zum 80. Geburtstag

Ja, Stehvermögen braucht es, denn die Wege in diesem Metier können sehr verschlungen sein, und es gibt eine Menge Untiefen: «Immer versucht. Immer gescheitert. Einerlei. Wieder versuchen. Wieder scheitern. Besser scheitern.» Diese Maxime Samuel Becketts beschreibt das, was ich mit Stehvermögen meine, sehr genau.

Selbstverständlich wusste ich davon nichts, als ich als Kinderdarsteller im Film und auf Berliner Bühnen meine ersten Schritte tat. Doch die Chance zu lernen, die habe ich wohl genutzt. Der sprichwörtliche Löffel im Mund, mit dem man geboren wird, war ja bei mir wirklich nicht aus Edelmetall.

Als ich 1950 als Fünfzehnjähriger in einem amerikanischen Militärflugzeug von Berlin nach Frankfurt geflogen wurde, war das sicher etwas, von dem ich nie zu träumen gewagt hätte. Neben mir im Flugzeug saß ein Berliner Schauspieler, Albert Venohr, der im Film meinen Vater spielen sollte, und schon während des Fluges hatte er sich um mich zu kümmern, da mir kotzübel wurde und wir beide erst zu lernen hatten, dass es für diesen Fall extra Tüten gab.

Strom ohne Grenzen hieß dieser Film. Er wurde im Auftrag des «European Recovering Program» produziert, des ERP, das wir heute als «Marshallplan» in Erinnerung haben. Fünf Jahre nach dem Krieg sollte der Film zeigen, wie sehr der Rhein die Länder verbindet. Ich spielte einen Jungen, dessen Vater nur einen Lastkahn besaß; der Junge aber will in die Welt hinaus, versteckt sich auf einem Dampfer als blinder Passagier, wird geschnappt, lernt jedoch dabei, wie international dieser Fluss ist. Zwar war es eine Produktion aus Berlin, und der Regisseur, Herbert B. Fredersdorf, war der Chef dieser Firma, aber der Kameramann war ein Franzose, meine Filmfreundin war Französin, und wir hielten auf der Fahrt auch einige Tage in Straßburg.

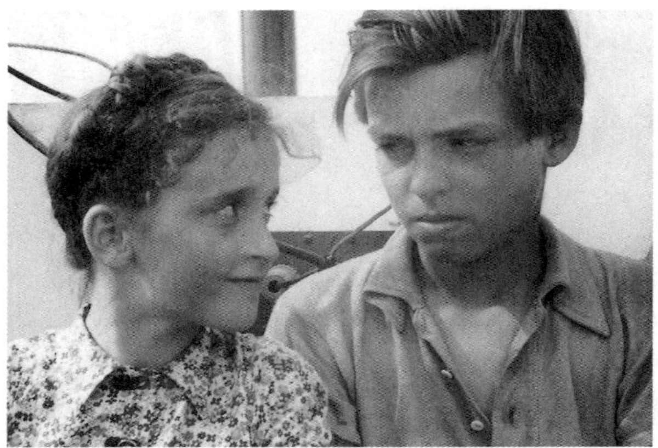

Charles mit seiner französischen Partnerin Lisbeth Undreiner

Die meiste Zeit wohnten wir auf dem Schiff, wir drehten ja auch Szenen auf dem fahrenden Lastkahn. In Straßburg, unvergesslich, wurde ich von der Produktion zu einem Essen in einem sehr feinen Restaurant eingeladen. Noch nie hatte ich Kellner gesehen, die in eleganten weißen Schürzen bedienten, und ich aß zum ersten Mal in meinem Leben ein Filet à la ... – was weiß ich!

Ich versuchte, meiner Mutter jeden Tag einen Brief zu schreiben und ihr von Straßburg, Antwerpen und Amsterdam zu erzählen. Heimweh hatte ich keins! Überall gefiel es mir besser als in Berlin, wo so viel kaputt war und wo es so viel Elend gab und Hunger. Die Währungsreform hatte es zwar gegeben, und man konnte wieder eine Menge kaufen, doch dafür brauchte man Geld, und davon hatten wir immer zu wenig.

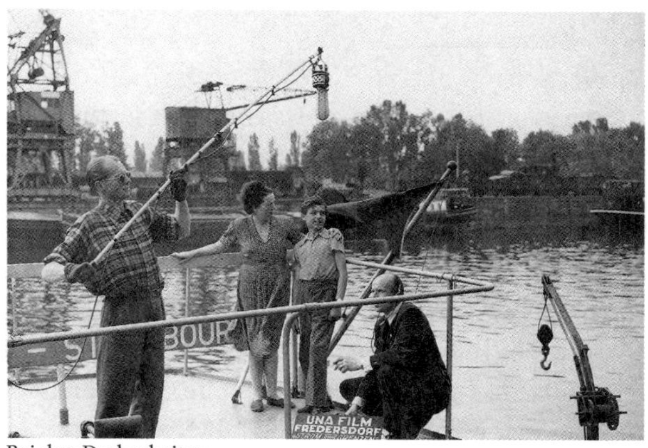

Bei den Dreharbeiten

Das war meine erste Reise ins Ausland. Erst elf Jahre später machte ich mit meiner Freundin Marli, meiner späteren ersten Frau, eine Reise nach Italien. Ihre Eltern hatten Freunde auf Capri, und wir durften in deren Haus wohnen. Dort auf der Insel, vor dem schönsten und luxuriösesten Hotel, das ich bis dato jemals gesehen hatte, dem «Quisisana», stand ich und las in der «Süddeutschen Zeitung», dass der Nachfolger von Gustaf Gründgens am Deutschen Schauspielhaus in Hamburg Oscar Fritz Schuh werden würde. Das war Grund zur Freude, hatte ich doch gerade in Köln bei Schuh gastiert und war sicher, dass eine gute Zeit vor mir liegen würde. An diesem Abend haben wir ganz sicher eine gute Flasche Wein aufgemacht, um zu feiern.

Seitdem gab es viele Reisen in andere Länder, doch es waren immer die Länder Europas sowie Besuche in den USA. Nach Asien oder Afrika hat es mich nie gezogen, ich wollte viel lieber mehr und immer mehr wissen über die Geschichte unseres Kontinents.

London hat mich schon sehr früh fasziniert – und London ist nun auch seit einigen Jahren der Lebensmittelpunkt unseres Sohnes geworden.

Das ist seither natürlich der Hauptgrund für eine London-Reise geworden, und es gibt dann auch immer ein freudiges Wiedersehen mit Julian Glover, seiner Frau Isla Blair und Jamie, ihrem Sohn – auch er ein erfolgreicher Schauspieler –, mit der ganzen Familie, mit der ich seit so langer Zeit befreundet bin.

Bei früheren Besuchen waren es vor allem die Theater, die mich angezogen haben: das Westend, dieser Stadtteil voller Theater, dann das «National» mit seinen Bühnen am Ufer der Themse, das «Old Vic» oder das nach alten Plänen neu gebaute «Globe Theatre», wo wir Julian Glover als Lear erleben konnten.

Hier sah ich Schauspieler auf der Bühne, die ich sonst nur aus Filmen kannte, leibhaftig und mit ihrer eigenen Stimme und nicht derjenigen eines deutschen Schauspielers. Zum Beispiel Alec Guinness in einem Stück, an das ich mich nicht erinnern kann, oder John Gielgud, Ralph Richardson und die wunderbare Vanessa Redgrave. Sie spielte die Hauptrollen in der *Möwe* und im *Kirschgarten* von Tschechow, und gerade bei diesen Stücken bewunderte ich die Art und Weise, wie die englischen Schauspieler mit den Texten dieses russischen Dichters umgingen.

Die sprichwörtliche Langeweile, mit der Tschechows Figuren leben und sich plagen, hatte auf deutschen Bühnen, so schien es mir damals, immer etwas Tragisches, Elegisches. Meine Kollegin Christa Berndl erzählte mir einmal, dass ein russischer Regisseur, mit dem sie arbeitete, immer von «dem Untertext» sprach, den man mitzudenken habe, «ollem diesem schräcklichen Sachen». In England hatten dieselben Texte Lakonie, Schärfe, sogar Komik, und die Langeweile war oft mit dem Gefühl eines gewissen «Verdammt-nochmal-Furors» zu erleben.

Rom, Athen, Wien lernte ich kennen und in den letzten 30 Jahren machte ich viele wunderbare Reisen mit meiner Frau, nach Paris, immer wieder nach Venedig und in andere Städte und Landschaften.

Durch meine drei Theatertourneen, die ich mit Joachim Landgrafs *Eurostudio* machte, kam ich in unzählige, mir unbekannte Städte im deutschsprachigen Raum. So mühselig die Reiserei auch manchmal war, die verschiedenen Reaktionen des Publikums zu erleben, die große Freude und Dankbarkeit zu spüren, die man unseren Aufführungen entgegenbrachte, das war die Mühe wert.

Mein ältester und liebster Freund bis zu seinem Tod in den Achtzigerjahren lebte in New York. Wir kannten uns seit meiner Schauspielschulzeit. Er hatte jedoch irgendwann den Beruf aufgegeben und war mit Irvin, seinem amerikanischen Freund, nach New York City gezogen. Irvin war ein wunderbarer, kauziger Mann, ich hatte ihn mit Burkhard schon in Hamburg kennengelernt. Seine größte Sehnsucht war, ein bekannter Maler zu werden, er fiel dadurch für seine Familie völlig aus der Reihe. Er stammte aus einer amerikanischen Millionärsfamilie, die als Händler im großen Stil Geld gemacht hatte. Irvin zeigte mir in Manhattan den Wolkenkratzer, der einmal der Familie gehört hatte.

Es war das erste Mal, dass ich in dieser Stadt war, im Herbst 1983, und es war meine erste Arbeit als «Freelancer» nach der Münchner Theaterzeit. Ein Zweiteiler, für die ARD produziert, erzählt die Geschichte des legendären Geldraubs, der von der New Yorker Mafia auf dem Kennedy-Flughafen raffiniert eingefädelt worden war und der die Lufthansa fünf Millionen Dollar und Hunderttausende an wertvollem Schmuck gekostet hatte. Viele Mittäter waren danach ermordet worden, einige auch verhaftet; das Geld und der Schmuck aber wurden nie gefunden. Ich spielte den Rechtsanwalt der Mafia und hatte in den drei Wochen New York nur fünf Tage zu drehen, da alle Innenaufnahmen der Rechtsanwaltskanzlei natürlich in Deutschland aufgenommen wurden.

Ich hatte meinen Freund Burkhard einige Jahre nicht mehr gesehen, und er und Irvin waren für mich grandiose Fremdenführer. Es war für die Produktion günstiger, das Hotel für mich durchgängig zu bezahlen, als mich für jeden Drehtag wieder einfliegen zu lassen. Unser ganzes Team war im Mayflower Hotel am Central Park untergebracht. Das Hotel gibt es nicht mehr, es wurde abgerissen, dieses wunderschöne Neo-Renaissance-Haus, das so viele berühmte Menschen aus Film und Theater beherbergt hatte.

Eines Tages kam unsere Maskenbildnerin und erzählte ganz aufgeregt, dass sie eben mit Michael Douglas im Lift gestanden habe, der offensichtlich im Hotel ein Apartment bewohnte. Douglas war zu der Zeit in Deutschland schon sehr bekannt durch seine Serie *In den Straßen von San Francisco*, zusammen mit Karl Malden, einem Schauspieler, den ich sehr schätzte.

Mir gefiel es in dieser großartigen Stadt New York so gut, dass ich nach den drei Wochen noch eine Woche privat dranhängte – auch wenn dabei von meiner Gage nicht mehr viel übrig blieb.

Neben den vielen besonderen Erlebnissen, den Museumsbesuchen oder dem Bummel mit Irvin durch Chinatown, wo wir in einem Restaurant aßen, das noch kein Tourist betreten hatte, gab es einen ganz besonderen, unvergesslichen Abend. Burkhard hatte sich als Regieassistent am Renaissancetheater in Berlin mit der Schauspielerin Grete Mosheim angefreundet, die dort gastierte. Auch sie hatte, wie viele andere, 1933 ihre Karriere in Deutschland abbrechen müssen, war emigriert und lebte seit Ende der Dreißigerjahre in New York City. Ich hatte sie in Eugene O'Neills Stück *Eines langen Tages Reise in die Nacht* in einem Gastspiel im Besenbinderhof in Hamburg gesehen, zusammen mit Paul Hartmann und Hans Christian Blech. Diese Aufführung machte mir damals so viel Eindruck, dass ich noch heute genau weiß, wie der Raum ausgesehen hat und wie die Mosheim ihre Rolle gestaltete – unvergesslich für mich. Immerhin hatte ich das Stück mit Elisabeth Bergner und auch Maria Wimmer gesehen. Ganz nebenbei, dieses Stück mit der Figur des alten Schauspielers hätte ich gerne gespielt, einmal war ich auch nahe dran, doch feste Termine verhinderten es.

Nun saß ich in New York eben dieser Grete Mosheim an ihrem Esstisch gegenüber, sie hatte ihre Freunde eingeladen, mich doch mitzubringen. Sie war schon eine alte Dame, aber hellwach, charmant und gesegnet mit Klugheit, ach, was für ein wunderbarer Abend, ein Geschenk für mich, für das ich bis heute dankbar bin.

Noch einmal erlebte ich New York, als wir beschlossen, unserem gerade dreizehn Jahre alt gewordenen Sohn diese so besondere Stadt zu zeigen. Es war schön, sie mit seinen Augen ganz anders kennenzulernen. Meine Frau Lilot kannte die Stadt viel besser als ich. Wie wir es immer machen, erliefen wir die Stadt kreuz und quer, gönnten uns auch den Blick weit über Manhattan hinaus vom Restaurant im obersten Stock des World Trade Centers. Ein Jahr später wurde in Augsburg ein Drehtag für *Samt und Seide* unterbrochen, und wir standen entsetzt vor einem TV-Gerät und sahen, wie eben genau diese zwei Türme in sich zusammenbrachen.

Und noch ein paar Jahre später war ich in den USA für einen TV-Film, der in Boston gedreht wurde. Meine Frau begleitete mich, und nach dem Dreh hatten wir noch eine sehr heiße, sommerliche Woche mit vielen Erinnerungen in diesem verrückten, aufregenden, wunderbaren New York.

Wenn man New York kennt, heißt das nicht, dass man die USA kennt, so sagt man. Ich kenne also dieses Land wirklich nicht. Aber wenn ich an meine Kindheit denke und was dieses Amerika damals und noch lange Zeit darüber hinaus für mich bedeutet hat, dann bin ich heute traurig und irritiert, wenn ich nach drüben schaue.

«DIE HABEN ES NICHT KAPIERT.»

«Entweder wir sind intelligent und ehrlich, dann sind wir nicht wiedervereinigungsgläubig. Oder wir sind intelligent und wiedervereinigungsgläubig, dann sind wir nicht ehrlich. Oder wir sind ehrlich und wiedervereinigungsgläubig, dann sind wir nicht ... aber wer möchte schon dämlich sein!»

Wolfgang Neuss hat die Wiedervereinigung nicht mehr erlebt. Auch nicht die Ostberliner Pressekonferenz, bei der Günter Schabowski, der Sekretär für Informationswesen der DDR, verkündete, dass ab sofort jeder DDR-Bürger die Möglichkeit habe auszureisen.

Abgesehen von dieser historischen Abendstunde war es auch fast eine Kabarettnummer, wie Schabowski selbst ahnungslos war über die Folgen des Textes, den er aus seinen Zetteln vorzulesen hatte. Neuss hätte sein Vergnügen daran gehabt, er, der «Mann mit der Pauke», der sicher scharfsinnigste, witzigste Kabarettist des Nachkriegsdeutschlands. Obiges Zitat aus seinem genialen Programm *Das jüngste Gerücht* von 1963 traf den Nagel wirklich auf den Kopf. Ich habe Neuss bewundert und ich habe ihn kennengelernt. 1966 holte ihn Oscar Fritz Schuh für seine Inszenierung von Shakespeares *Troilus und Cressida* ans Schauspielhaus, er spielte das Lästermaul Thersites fabelhaft mit einem Schuss Berliner Schnauze. Er starb im Mai 1989.

Kurz darauf begann ich mit den Proben im Berliner Schillertheater für *Maß für Maß* von William Shakespeare. Meine Figur Pompey, ein Zuhälter, der im Gefängnis ein komfortables Leben hat, erzählt dem Publikum in einer langen Conférence, wie toll es im Knast sei und was für interessante Leute es dort gebe. Bei Shakespeare ist dieser Text voller Anspielungen auf Menschen und Situationen seiner Zeit, eigentlich ein Kabarett-Text, 1989 aber schwer verständlich und überhaupt nicht komisch. Der Regisseur Niels-Peter Rudolph und ich beschlossen deshalb, selbst einen kabarettistischen Text mit aktuellem Bezug auf die Berliner Politik zu erfinden. Wenn doch Neuss noch gelebt und uns einen Text geschrieben hätte oder uns wenigstens beraten hätte! So blieb es an mir hängen, und siehe da, mit sehr viel Lektüre der Berliner Zeitungen und einer Menge Rotwein hatte mein Text am Ende Witz und berlinische Schlagfertigkeit. Es gefiel dem Publikum und ich versuchte natürlich in jeder Vorstellung, das Aktuellste unterzubringen.

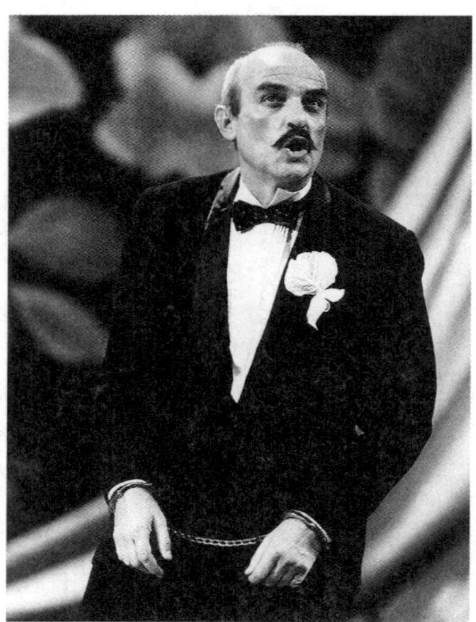

Charles Brauer als Pompey in Shakespeares *Maß für Maß*, Regie: Niels-Peter Rudolph, Schillertheater Berlin, 1989

Am 9. November, am Abend der legendären Pressekonferenz, hatte ich Vorstellung. In der Pause rief uns der Requisiteur aufgeregt zu sich in seine Requisitenkammer, und dort hörten wir am Radio die unglaubliche Nachricht, dass offensichtlich die Berliner Mauer offen war. Die Kollegen bestürmten mich, ich müsse diese Neuigkeit unbedingt in meiner Conférence unterbringen. Aber anstatt während meines Auftritts aus der Rolle zu treten und sozusagen als Privatmensch dem Publikum die sensationelle Neuigkeit mitzuteilen, baute ich sie, wie ich fand, raffiniert in meinen Text ein. Es gab großen, herzlichen Applaus. Als ich abging, saß in der Gasse, auf seinen Auftritt wartend, der alte Bernhard Minetti. Er schaute kurz hoch zu mir und meinte trocken: «Die haben es nicht kapiert.»

Die Enttäuschung hielt nicht lange vor, denn als wir aus dem Theater kamen, waren die Straßen voller Menschen, alle unverkennbar aus dem Osten.

NEUANFÄNGE

Ich greife jetzt zum Abschluss tief, sehr tief in die Kiste meiner Erinnerungen und erzähle von einem Theaterabend, der mich in den Fünfzigerjahren wie ein Schlag getroffen hat. Georg Büchners *Woyzeck* kannte ich als Lektüre, aber die Inszenierung der Oper Alban Bergs, die ich 1957 in der Hamburgischen Staatsoper erlebte, wurde für mich das Maß, mit dem ich alle Schauspielaufführungen dieses Stücks verglich, die ich später noch sah.

Es war wohl vor allem Bergs Musik, die den Büchner-Text so atemberaubend verdichtete und interpretierte. Ich war noch sehr jung und wenig vertraut mit den Komponisten des 20. Jahrhunderts. Abgesehen von meinen intensiven Begegnungen mit dem Jazz waren es nur die Besuche beim *neuen werk* des Norddeutschen Rundfunks. In der Konzertreihe *das neue werk* – es gibt sie bis heute – spielt meist das hervorragende NDR Elbphilharmonie Orchester, das frühere NDR-Sinfonieorchester, moderne Musik von Arnold Schönberg bis zu heutigen Komponisten. Einmal war ich dort sogar als einer der Sprecher engagiert für Wolfgang Fortners *Bluthochzeit* nach Federico García Lorca. Doch die Oper *Wozzeck* hatte mich unglaublich erschüttert. Noch heute schreibt man von der «legendären» Inszenierung Günther Rennerts und dem Bühnenraum Teo Ottos. Günther Rennert war ebenso ein Mann des Schauspiels wie der Oper. Und da Alban Berg, wie ich gelesen habe, großen Wert auf die schauspielerische Qualität der Darstellung gelegt hatte, inszenierte er die Oper, in der es ja auch keine Arien gibt, dementsprechend. Mich beeindruckte ganz besonders die Gestaltung des Wozzeck durch Toni Blankenheim, der ein erstaunlicher Darsteller war, und vielleicht denke ich auch vor allem an Helga Pilarczyk als Marie.

Irgendwann, viel später, saß eben diese Helga Pilarczyk, inzwischen auch international sehr erfolgreich, bei uns im Schauspielhaus im Konversationszimmer. Sie hatte Oscar Fritz Schuh zugesagt, in seiner Inszenierung von Shakespeares *Troilus und Cressida* die Helena zu spielen, keine sehr große Partie, aber eine eminent wichtige, denn Helenas wegen kam es zum Trojanischen Krieg, zumindest war sie der Anlass, warum sich Griechen und Trojaner gegenseitig die Schädel einschlugen.

Helga brachte manchmal zu den Proben ihre kleine Tochter mit, die dann im Konversationszimmer auf ihre Mutter wartete. Damals war die kleine Isabella vier Jahre alt, als junge Frau studierte sie Medizin, wurde dann aber Schauspielerin und übernahm als Nachfolgerin ihres verstorbenen Mannes Friedrich Schütter die Leitung des Ernst Deutsch Theaters. Bis heute ist sie auch Abgeordnete in der Hamburger Bürgerschaft.

Es war erst Anfang 2000, als wir uns als Erwachsene bei einer Hamburger Talkshow wieder über den Weg liefen. Ich fragte sie nach ihrer Mutter und erzählte ihr auch, dass ich meine erste Theaterrolle in Hamburg an ihrem Theater gespielt hätte, als es noch «Das Junge Theater» hieß und in einem ganz anderen Stadtteil lag. Isabella Vertes-Schütter, wie sie verheiratet hieß, fragte mich damals, ob ich nicht Lust hätte, irgendwann einmal an ihrem Theater aufzutreten. Klar, warum denn nicht! Zwanzig Jahre waren vergangen, seit ich das letzte Mal auf einer Hamburger Bühne gestanden hatte. Dazwischen war viel passiert, beruflich und privat.

Ich war noch einmal Vater geworden und zusammen mit meiner Frau sogar Besitzer eines Hauses in dem baselbieter Dorf, das nach wie vor mein festes Domizil geblieben war. Ich hatte bei den Salzburger Festspielen gastiert, auch am Stuttgarter Staatstheater, wo ich zum ersten Mal auf einer Opernbühne als Bassa Selim in Mozarts *Entführung aus dem Serail* stand. Auf einer anderen Opernbühne in einer anderen Stadt war ich über mehrere Jahre sehr glücklich, Professor Higgins in *My Fair Lady* zu spielen.

Besonders schön war, in diesen Jahren Gerd Heinz wieder zu begegnen. Seit der kurzen Zeit der Ära Monk am Schauspielhaus und Schillers *Räubern* hatten wir nur losen Kontakt gehabt. Nach den Jahren seiner Direktion am Zürcher Schauspielhaus gastierte er als freier Regisseur an vielen deutschsprachigen Bühnen. Dann bat ihn Eberhard Witt, der Chef des Schauspiels am Staatstheater Hannover, sein junges Regieteam als älterer, erfahrener Regisseur zu ergänzen. Witt hatte damals eine sehr glückliche Hand bei der Suche nach jungen, begabten Schauspielerinnen und Schauspielern. Ich traf dort auf ein fabelhaftes Ensemble, ich denke da zum Beispiel an Juliane Köhler oder Oliver Stokowski. Gerd Heinz war ein Regisseur nach meinem Herzen. Hochgebildet, klug, liebte er seine Schauspieler und war gesegnet mit Humor, voll menschlicher Wärme und vor allem gefeit gegen jede Art von Machthaberei. Für mich war es immer wichtiger geworden, die Freiheit zu haben, erst einmal selbst zu erkunden, wohin die Reise zu einer Figur führt, und nicht von vornherein eine konzeptuelle Interpretation übergestülpt zu bekommen. Die Freiheit, auf einer Probe herauszufinden, was der Autor mit einer Szene meint oder will, aber auch festzustellen, dass man völlig falsch liegt und es auf der nächsten Probe anders und vielleicht besser zu versuchen.

Das ist ein wundervoller Luxus und geht in meinem Beruf, der so schrecklich schön, aber auch schön schrecklich sein kann, wohl nur am Theater. Ich glaube, es war Fritz Kortner, der zum ersten Mal drei Monate für seine Proben beanspruchte. An größeren Theatern wurde das dann Usus, doch bald wieder reduziert. Aber auch sechs Wochen sind eine gute Zeit, um ein Stück zu erkunden, eine Figur zu finden und Beziehungen der Personen untereinander deutlich zu machen. Diese Zeit gibt es bei Film und Fernsehen nicht. Dazu gehört aber auch zwingend der politische und gesellschaftliche Wille, da die meisten unserer Theater subventioniert sind, um all das immer wieder möglich zu machen.

Ich hatte Glück in meinem beruflichen Leben und hatte nur unter wenigen nervtötenden, besserwisserischen Regisseuren zu leiden. Passierte mir das in jungen Jahren, erduldete ich es eben, später, wohl nicht immer korrekt, schmiss man die Chose hin und verabschiedete sich.

Selbstverständlich war dieses «Hinschmeißen» nicht einfach und auch schmerzvoll, aber schmerzvolle Proben sind schlimmer. Ich hatte zum Beispiel einen Regisseur, mit dem ich zum ersten Mal arbeitete, der auf der ersten Probe bestimmte, wann man von dem Stuhl aufzustehen habe, und wann dieser oder jener Gang nach links oder rechts nötig sei. Die Freiheit für den Schauspieler, seine Rolle zu gestalten, wurde auf ein Minimum reduziert. Nun ist ja der Regisseur als Dompteur eine gängige Vorstellung; auch der eine oder andere Kritiker in den Feuilletons erliegt ihr.

Ich war gern in Hannover, und da es mit den Drehzeiten des *Tatorts* zu vereinen war, wurden es immerhin drei Arbeiten dort. An eine davon, die umstrittene Inszenierung des ganz jungen Matthias Hartmann von Frank Wedekinds *Lulu*, erinnere ich mich nur deshalb so gerne, weil die junge, hochbegabte Maria Happel meine Partnerin war. Sie hat ja dann auch eine große Theaterkarriere gemacht.

Bei den beiden anderen Arbeiten führte Gerd Heinz Regie. In Frank Wedekinds *Marquis von Keith* spielte ich den Konsul Casimir, und es waren dreizehn Jahre vergangen, seit ich an den Münchner Kammerspielen den Burleigh in

Schillers *Maria Stuart* gespielt hatte. In Hannover ergab es sich nun zum zweiten Mal, und ich glaube, diese dreizehn Jahre bekamen meinem Burleigh sehr gut.

Meine Frau war für die Kostüme verantwortlich, auch unser kleiner Sohn war mit in Hannover. Mit Gerd und mit Dorle, seiner Frau, einer Autorin und Journalistin, waren wir bald ein freundschaftliches Quartett und verbrachten bei unserem Lieblingsitaliener viele spannende und vergnügliche Abende. Meine Frau arbeitete danach bis heute viele Male als Ausstatterin mit Gerd Heinz zusammen. Ich machte meine nächste Arbeit mit Heinz am Münchner Residenztheater. Dort war inzwischen Eberhard Witt Intendant geworden, hatte aber leider sein glückliches Händchen in Hannover gelassen. Auch unsere Aufführung von Thomas Bernhards *Der Ignorant und der Wahnsinnige* stand unter keinem guten Stern.

«Alles hat einmal ein Ende», und so endete nach sechzehn Jahren meine *Tatort*-Zeit beim Norddeutschen Rundfunk. Theatertourneen schlossen sich an, und 2005, mittlerweile schon seit fünf Jahren ein Rentner, hatte ich großen Spaß mit Neil Simons Stück *Sonny Boys* an der Düsseldorfer Komödie. Lilot war verantwortlich für Bühne und Kostüme, und unsere Freundin Adelheid Müther inszenierte diesen Klassiker des Broadways mit viel Gefühl für Tempo und Witz. Mein Partner war Gunnar Möller, den ich seit unserem gemeinsamen Auftritt 1958 im UFA-Film *Ist Mama nicht fabelhaft* nicht mehr gesehen hatte.

Nicht lange nach diesem Schlenker ins Komödienfach klingelte mein Telefon, und das Theater Bochum meldete sich. Einer seiner Regisseure, Markus Dietz, plane eine Inszenierung von Tennessee Williams' Stück *Die Katze auf dem heißen Blechdach*, ob ich Interesse hätte, darin den Big Daddy zu spielen.

Seit den Zeiten eines Saladin Schmitt, von Hans Schalla bis zu Peter Zadek oder Claus Peymann, immer war Bochum eine besondere Stadt des Theaters gewesen. Einige Male hatte ich mir dort Vorstellungen angeschaut, außerdem hatten Lisi und auch Lilot dort gearbeitet. Big Daddy war eine tolle Rolle, aber wer war Markus Dietz? Wir trafen uns, um uns kennenzulernen, und es gab von Anfang an ein Einverständnis zwischen uns. Er hatte mich an den Münchner Kammerspielen in verschiedenen Rollen gesehen und mochte Ernst Wendts Arbeiten. Dass mir das gefiel, war ja klar, doch der Pudding erweist sich beim Essen! Und er erwies sich als hervorragend. Dietz' Arbeitsweise gefiel mir, er gehört zu den Regisseuren, selbstverständlich glänzend vorbereitet, die streng und hart am Text bleiben und versuchen, so tief wie möglich auszuloten, was die Menschen im Stück bewegt und umtreibt. Big Daddy, der nur in einem der drei Akte des Stückes auftritt, diesen aber als krebskranker Familientycoon dominiert, war ein schwerer Brocken. Doch Dietz ließ zu, wie ich mich an die Rolle herantastete, blieb neugierig und war ein guter Zuhörer. Es war eine Arbeit, die einen Schauspieler glücklich macht, und mit den beiden tollen Frauen für Bühne und Kostüme, Mayke Hegger und Ines Nadler, waren wir zusammen mit den anderen Darstellern ein feines Ensemble.

Apropos Vorbereitung: Was für Regisseure gilt, gilt meiner Meinung nach ebenso für Schauspieler. Die Zeit vor Probenbeginn ist für mich immer sehr wichtig. Ich richte mir mein Textbuch ein, lasse es oft speziell binden, so dass eine Seite jeweils leer bleibt. Oder ich klebe selbst den Text in ein neues leeres Buch. Auf die Leerseiten kommen Kommentare, Hinweise, Bemerkungen oder auch Bilder, die ich irgendwo sehe und die mir für die Rolle wichtig scheinen. Im Text wird angestrichen, unterstrichen, auch der Rotstift spielt eine Rolle. So entsteht neben dem Prozess des Textlernens eine Art Texttagebuch, ein Begleiter, den ich während der ganzen Arbeit mit mir herumtrage.

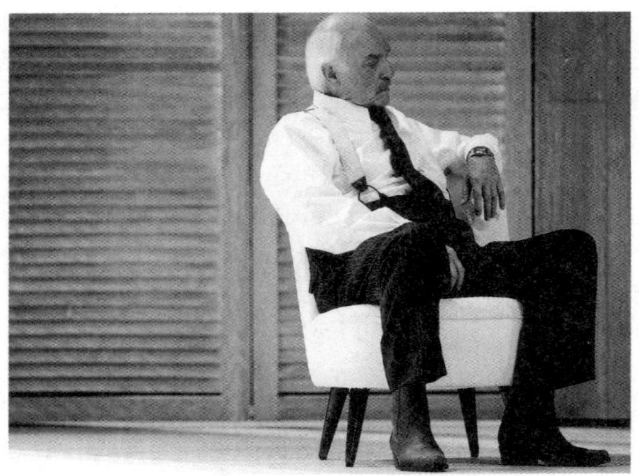

Charles Brauer in *Die Katze auf dem heißen Blechdach*,
Regie: Markus Dietz, Theater Bochum

Der Abend war sehr erfolgreich, und ich liebte ihn. Ebenso erfolgreich und mit dem fast gleichen Ensemble stemmte Markus *Trauer muss Elektra tragen* von Eugene O'Neill auf die Bühne, mit mir als Ezra Mannon.

2008 saßen Isabella Vertes-Schütter und ihr Chefdramaturg Stefan Kroner in unserer Vorstellung, und hinterher, bei nicht nur einem Glas Wein, wurde aus ihrer früheren Frage ein konkretes Angebot.

Wir begannen mit Proben im März 2010, und dieses «Wir» war deshalb so besonders prima, weil Gerd Heinz mit an Bord war und mit ihm meine Frau als Bühnen- und Kostümbildnerin. Er freute sich, wieder mit uns zu arbeiten. Wir wollten *Warten auf Godot* von Samuel Beckett aufführen, was für ein Privattheater eine mutige Entscheidung war.

Ich weiß nicht, ob wir alle Abonnenten des Theaters – und damals gab es noch viele – glücklich machten, aber unser Darstellerquartett gab schon etwas her: Werner Rehm, den ich oft an der Berliner Schaubühne gesehen hatte, war mein Partner

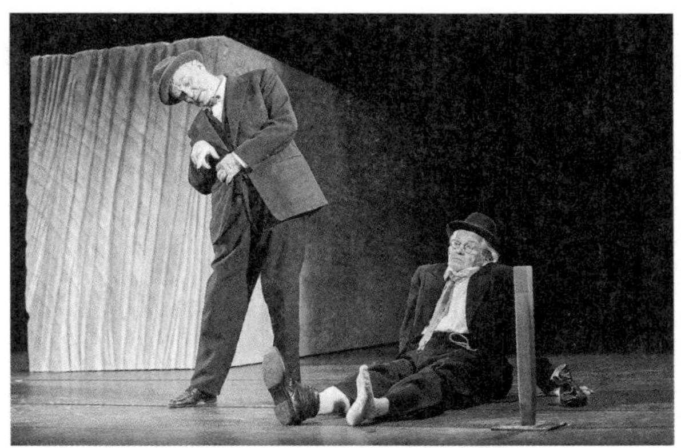
Charles Brauer und Werner Rehm in *Warten auf Godot* von Samuel Beckett, Regie: Gerd Heinz, EDT Hamburg

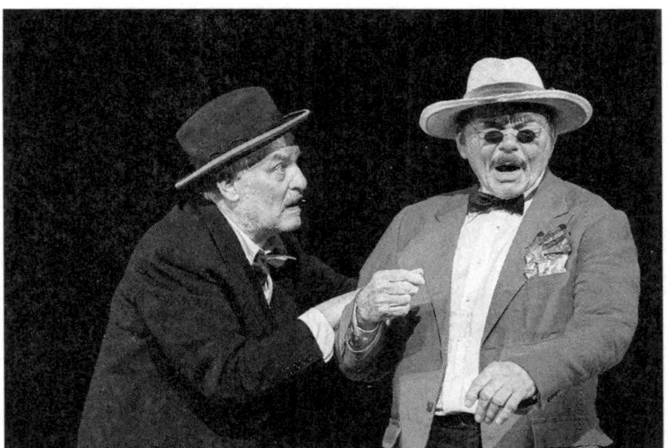
Charles Brauer und Uwe Friedrichsen in *Warten auf Godot* von Samuel Beckett, Regie: Gerd Heinz, EDT Hamburg

Estragon, mein alter Kumpel Uwe Friedrichsen, eine Hamburger Institution, gab den Pozzo, und der junge Benjamin Utzerath war ein fabelhafter Lucky. Unsere Aufführung spielte nicht im Land Absurdistan, nein, es ging um zwei Pariser Juden, die auf der Flucht vor den Nazis im Süden Frankreichs auf einen Schlepper warten, der sie über die Grenze nach Italien bringen soll. Es war eine spannende Aufführung und ein großer Erfolg.

Der Tag der Premiere ist immer ein besonderer Tag und die Nacht davor eine unruhige. Am frühen Morgen der Premiere rief mich mein Bruder an, um mir zu sagen, dass in der Nacht unsere Mutter friedlich eingeschlafen sei. Hundertundein Jahr alt ist sie geworden, und erst mit neunundneunzig zog sie in eine kleine Wohnung einer Pflegeeinrichtung, weil sie keine Lust mehr hatte zu kochen. Ein Jahr davor hatten wir noch ihren 100sten bei «Lutter & Wegner» in der Berliner Mommsenstraße mit Familie und Freunden groß gefeiert. Und wer war eine der Letzten, die spät in der Nacht das Restaurant verließen? Unsere Mutter Lotte!

Ich habe keine Ahnung und auch keine Erinnerung, wie ich diese Premiere gespielt habe, aber ich war mir sicher, dass meine Mutter mir zugerufen hätte: «Natürlich wirst du diese Premiere spielen!»

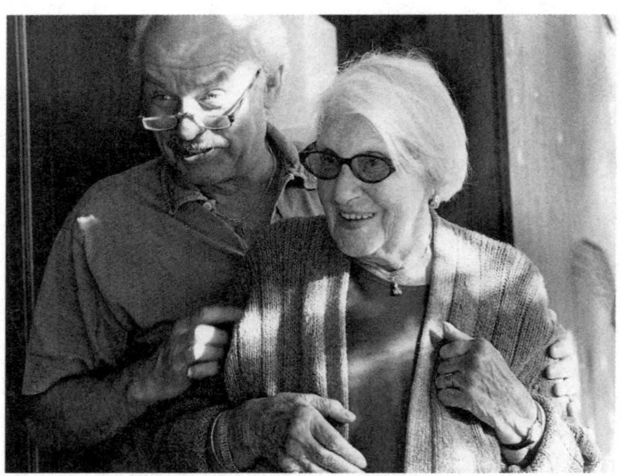

Mutti in ihren Neunzigern mit ihrem albernen Sohn

Die beiden Bochumer Arbeiten sind die letzten gewesen, die ich mir an einem Stadt- oder Staatstheater zugemutet habe. Die Stücke werden oft über eine Spielzeit hinaus gezeigt und das innerhalb eines Repertoire-Betriebs. Man muss daher für eine oder zwei Vorstellungen im Monat anreisen. Für mich hieß das, einen Tag vorher da sein, dann Vorstellung, dann wieder ein Reisetag.

Deshalb war für mich die Zeit, die nun am Ernst Deutsch-Theater begann, mir und meinem Alter angemessen. Die Stücke werden en suite gespielt, also fünfundzwanzig bis dreißig Vorstellungen hintereinander, dann ist Schluss.

Wir nahmen uns für die drei Monate – sechs Wochen Proben, etwa sechs Wochen Vorstellungen – eine kleine Wohnung, da meine Frau in allen diesen Arbeiten für die Ausstattung verantwortlich war.

Nach *Warten auf Godot* inszenierte Gerd Heinz noch *Tartuffe* von Molière, das Zweipersonenstück *Halpern und Johnson* von Lionel Goldstein und, für mich zum zweiten Mal, *Die Sonny Boys*. In allen Stücken war Werner Rehm mein Partner, der bald auch ein Freund wurde. 2018 inszenierte Gerd Heinz, zum letzten Mal am Ernst Deutsch Theater, *Heisenberg* von Simon Stephens, ein Stück, das nichts mit dem Physiker

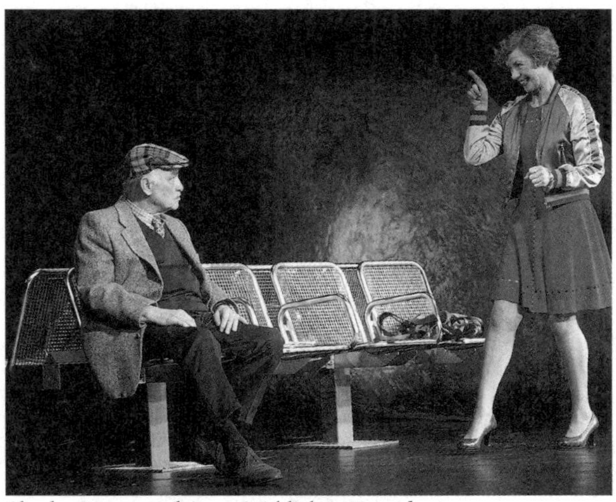

Charles Brauer und Anna Stieblich in *Heisenberg* von Simon Stephens

Heisenberg, wohl aber mit dessen Theorie etwas zu tun hat. 2019 waren wir, meine Partnerin Anna Stieblich und ich, mit dieser Aufführung in mehr als dreißig deutschen Städten unterwegs.

Eine der zwei Arbeiten, die ich in diesen Jahren nicht mit Gerd Heinz gemacht habe, war eine Co-Produktion des Berliner Schlosspark-Theaters mit dem Ernst Deutsch Theater, Regie führte Adelheid Müther. Tatja Seibt und ich waren das alte Paar im Stück *Das Haus am See* von Ernest Thompson. Es wurde unter dem Titel *Am goldenen See* von Hollywood mit dem wunderbaren Paar Katharine Hepburn und Henry Fonda verfilmt. Tatja und ich bekamen nicht wie unsere berühmten Kollegen Oscars für unsere Arbeit, aber wir waren doch in beiden Städten sehr erfolgreich.

Noch eine andere Arbeit gab es in dieser Zeit, an die ich gerne denke. Sie war auch deshalb etwas Besonderes, weil ich dafür gar nicht vorgesehen war. Sicher ist, dass am Theater und auch beim Film nicht immer alles so läuft wie gewünscht oder vorgesehen. Jeder Schauspieler hat schon erlebt, dass er gefragt wird, ob er holterdiepolter besser heute als morgen einspringen kann für einen Kollegen. Ich erhielt einen solchen Anruf von den Salzburger Festspielen.

Die englische Regisseurin Deborah Warner inszenierte dort den *Sturm* von William Shakespeare, und die ersten drei Probenwochen waren schon vorbei. Aus verschiedenen Gründen trennte sie sich vom Darsteller des Gonzalo und war nun in Nöten, einen Ersatz zu finden.

Die Rolle ist ja nicht gerade klein. Er ist der Bruder des verbannten Herzogs Prospero, der diesem zwar heimlich zur Flucht verholfen hat, nun aber mit dem verfeindeten Hofstaat unterwegs ist und nach dem Schiffbruch von eben diesem Prospero aufgenommen wird, der ihm verzeiht. Dieser

DER STURM

SALZBURGER FESTSPIELE

2 AUGUST 2016

Charles,
O, du Wundermann! Where would I be without you? You came like a gift at our lowest moment + lifted us heavenwards. My gratitude I shall write "mit goldenen lettern meißelt es in Stein" for all eternity ... Thank you for a simply wonderful performance – the best Gonzalo I have ever seen – + for your tireless hard work + startlingly wonderful preparation. You inspired us all + you helped lead us all to this enchanted place. You are a wonderful actor + I hope we shall work together again. much, much love + deep gratitude,

x Deb

Premierenbrief der Regisseurin Deborah Warner

Figur Format und Haltung in einer zwiespältigen Umgebung zu verleihen, das war die Herausforderung. Ich sagte zu, und man behandelte mich sehr fürsorglich, fast wie ein rohes Ei, bis ich den Text und die schon geprobten Szenen intus hatte.

Die Bühne der Salzburger Festspiele in Hallein ist riesig, das Bühnenbild reichte von Wand zu Wand und war voller Versatzstücke und Versenkungen. Das Kunststück für die Schauspieler bestand darin, sich nicht zu verlieren, die Spannung aufrechtzuerhalten, die Beziehungen unter den Figuren auch in diesem riesigen Saal deutlich und lesbar zu machen. Deborah und ich verstanden uns gut, und ich hatte fabelhafte Kollegen wie Peter Simonischek als Prospero. Im Feuilleton wurde die Aufführung sehr unterschiedlich aufgenommen. Doch es war eine schöne Zeit in Salzburg, und das ist jetzt auch schon sechs Jahre her.

Die letzten drei Jahre wurden überschattet von dem Virus, der den ganzen Globus überzogen und uns vor Augen geführt hat, dass ein winziges Wesen unsere Welt ziemlich auf den Kopf stellen kann und alte Gewissheiten nicht unbedingt mehr ihre Gültigkeit behalten. Theater wurden geschlossen, das soziale Leben kam vielerorts zum Stillstand.

Auch dass ein Krieg wie der von Russland in der Ukraine angezettelte Undenkbares wieder Wirklichkeit hat werden lassen, ist eine von mir nicht für möglich gehaltene Tatsache.

Und doch habe ich schon damit begonnen, den Text von Mitch Alboms *Dienstags bei Morrie* zu lernen.

THOMAS BLUBACHER: CHARLIE

Als Kind stand er zwischen den Trümmern, die das «Tausendjährige Reich» hinterlassen hatte, für den dritten deutschen Nachkriegsfilm *Irgendwo in Berlin* vor den DEFA-Kameras. In den Fünfzigerjahren wurde er in der noch jungen Bundesrepublik populär als ältester Sohn der *Familie Schölermann*, der ersten Familienserie des deutschen Fernsehens überhaupt, die damals, als das Pantoffelkino freilich noch in den Kinderschuhen steckte und es nur ein Programm gab, Einschaltquoten von bis zu neunzig Prozent erzielte.

Quotenträchtig waren auch seine *Tatorte* in den Jahren 1986 bis 2001. Noch immer hält er zusammen mit Manfred Krug den Rekord der Kultreihe seit Beginn der gemeinsamen Reichweitenmessung in den alten und neuen Bundesländern: Bis zu 15,86 Millionen Menschen, was einem Marktanteil von 52,8 Prozent entsprach, sahen zu, wenn die «Swinging Cops» Brockmöller und Stoever ermittelten und Jazz-Standards zum Besten gaben.

Heute warten die Ur- oder gar schon Ururenkel seiner ersten Fans gespannt auf das nächste John-Grisham-Hörbuch, um sich von seiner unverwechselbaren Stimme in den Bann ziehen zu lassen. 2023 hat er in Köln den 37. Thriller eingelesen.

All das ist lediglich ein kleiner Teil seines Schaffens, in dessen Zentrum trotz unzähliger Film- und Fernsehrollen die Bühne stand. Charles Brauer, der sich früh auch für die Historie seines Metiers interessierte und einen Teil seiner Anfängergagen in Antiquariate trug, um die gesammelten Kritiken etwa von Siegfried Jacobsohn oder Monty Jacobs aus den Zwanzigerjahren zu erstehen, hat selbst mehr als ein Dreivierteljahrhundert deutscher Theatergeschichte miterlebt und mitgestaltet. Zu seinen Regisseuren zählen so unterschiedliche Persönlichkeiten wie Gustaf Gründgens, der die Kunst sein Leben lang als autonomen Raum begriff und seinen überzeitlichen Klassizismus als Aushängeschild des «Dritten Reichs» ebenso kultivierte wie als autokratischer Theater-Repräsentant der Adenauer-Restauration, oder Fritz Kortner, einst als prototypischer Vertreter eines modernen republikanischen Theaters vielgelobt und vielgescholten, seit seiner Rückkehr aus dem Exil für den analytischen Realismus seiner Inszenierungen gefeiert. Er arbeitete mit Luc Bondy, Dieter Dorn, Heinz Hilpert, Thomas Langhoff, Hans Lietzau, Leopold Lindtberg, Wilfried Minks, Claus Peymann, Niels-Peter Rudolph, Hans Schweikart, George Tabori, Ernst Wendt und anderen bedeutenden Theatermachern.

Heute ist Charlie, wie ich meinen Freund seit Jahrzehnten nennen darf, ein nicht nur von mir oft befragter, beinahe einzigartiger Zeitzeuge. Einige Inszenierungen, in denen er mitwirkte, schrieben deutsche Theatergeschichte, andere setzten sich mit der deutschen Geschichte auseinander. Mit Ronald Harwoods Well-made Play *Der Fall Furtwängler* über die ambivalente Rolle des «gottbegnadeten» Dirigenten im «Dritten Reich» tourte Charlie durch über 150 deutschsprachige Städte. Auf dem Bildschirm sah man ihn als August Bebel, Nathan Rothschild und Generalmajor Gerhard Schmidhuber, der die Auslöschung des Budapester Ghettos verhinderte, als Simon Wiesenthal, Max Liebermann, Otto von Bismarck und Paul von Hindenburg.

Ebenso wie der deutschen Geschichte gilt sein Interesse seit jeher der Politik. Er ist auf die Straße gegangen, um gegen die Springer-Presse zu protestieren, hat sich gewerkschaftlich engagiert, sich 1968 gegen die Notstandsgesetze und 1969 mit anderen Prominenten wie Heinrich Böll, Max Frisch und

Günter Grass, Hans-Joachim Kulenkampff und Inge Meysel für den SPD-Kanzlerkandidaten Willy Brandt eingesetzt. Auch in der Schweiz, seiner neuen Heimat seit bald vier Jahrzehnten, bezieht er immer wieder öffentlich Position. Und fühlte sich geehrt, als man ihn bat, gemeinsam mit seiner Frau Lilot Hegi 2021 im basellandschaftlichen Sissach die offizielle Rede zur 1.-August-Feier zu halten. Unter anderem äußerten sie sich kritisch zur Einwanderungspolitik der Schweiz und deren Verhältnis zur Europäischen Union. Es wurde keine «Wellness-Rede», wie die lokale «Volksstimme» konstatierte.

Kunst und Literatur waren ihm nicht in die Wiege gelegt worden, stammt er doch aus keinem bildungs- oder gar großbürgerlichen Elternhaus, sondern aus bescheidensten Verhältnissen.

Sein Vater Karl Albert Oskar Schramm kommt am 13. Juni 1909 im damals noch nicht zu Berlin gehörenden Schöneberg zur Welt, als Kind der unehelich geborenen Franziska Clara Gertrud Schramm, die sich zunächst mit Näharbeiten über Wasser hält. Im Jahr 1917, mittlerweile als Verkäuferin tätig, heiratet Clara den Schirrmeister Franz Hermann Kurt Knetschke, den ebenfalls unehelichen Sohn einer Schneiderin, deren Vater seinen Nachnamen noch «Knötschke» geschrieben hatte. Ob dieser Schirrmeister Knetschke wirklich Karls Erzeuger ist, der erst nach acht Jahren das Fräulein Schramm «ehrlich» macht und dem Filius seinen Nachnamen gibt, wie Charlies Großmutter Clara 1963 auf dem Sterbebett beteuern wird, oder ob doch ein verheirateter jüdischer Mann die Siebzehnjährige geschwängert und, möglicherweise von ihr erpresst, acht Jahre lang heimlich Alimente bezahlt hat, bleibt unklar.

Mit zehn Jahren wird Karl als Pflegekind zu einem Schulpedell und dessen Frau nach Calau in der Lausitz gegeben. Es sind lieblose, harte Jahre für ihn. Er wird von seinen Mitschülern als «Waisenkind» gehänselt und von den Pflegeeltern als billige Arbeitskraft benutzt. Als er 1923 nach Berlin zurückkehrt, ist die Ehe der Eltern geschieden und Clara mit dem Bäckergehilfen Kurt Walter Erich Wendt aus Sorau, dem heutigen polnischen Zary, verheiratet. 1924, mit fünfzehn Jahren, erhält Karl Knetschke eine Anstellung als Page im vornehmen Hotel Esplanade am Potsdamer Platz, in dem Stars wie Charlie Chaplin und Greta Garbo logieren; der noch unbekannte Billy Wilder jobbt dort eine Zeitlang als Eintänzer. Schon bald kommt es zu heftigen Auseinandersetzungen mit dem ohnehin wenig geliebten Stiefvater, der heimlich die Trinkgelder des Jungen aus dessen Brustbeutel zu entwenden versucht, handelt es sich doch meist um begehrte Devisen. Karl findet ein eigenes Zuhause, treibt sich im Nachtleben herum, entdeckt den Jazz. Bald spielt er Schlagzeug in einem Trio und singt die Schlager der Zeit. Er schließt sich einem Boxverein an und wohl auch einem der Berliner Ringvereine, kriminellen Vereinigungen ähnlich der amerikanischen Cosa Nostra, die sich einen bürgerlichen Anstrich und Namen wie «Geselligkeits-Club Immertreu 1919 e.V.» geben, Schutzgelder eintreiben, Einbrüche und Raubzüge organisieren, ihre Finger im Drogenhandel, in der Prostitution und im illegalen Glücksspiel haben – und teilweise von der Polizei geduldet werden, weil sie im Milieu eine gewisse Ordnung garantieren. Wie, das kann man in Fritz Langs Film *M* aus dem Jahr 1931 mit Peter Lorre sehen, der die Selbstjustiz der Ringvereine an einem Kindermörder thematisiert.

Im Frühjahr 1932 werden Karl Knetschke und ein jüdischer Freund von SA-Leuten angepöbelt. Es kommt zu einer Schlägerei, und Karl Knetschke wird dafür zu zwölf Monaten

Gefängnis verurteilt. Zu dieser Zeit ist der Musiker bereits seit einem Jahr mit Lotte Elfriede Gerta Brauer aus Stettin, heute Szczecin, verheiratet. Er hat sie in Swinemünde kennengelernt, als er in dem beliebten Badeort zum Tanz aufgespielt hat. Wie er ist auch Lotte unehelich geboren worden. Aufgewachsen bei den Großeltern, einem Zimmermann und einer Waschfrau, und mit vermeintlichen Geschwistern, die in Wirklichkeit ihre Onkel und Tanten sind, lernt sie ihren Vater nie kennen. Ihre Mutter hat sie nur einmal, mit vierzehn Jahren, kurz gesehen. Zu gerne hätte sie eine Ausbildung in einem Frisiersalon begonnen, aber das Werkzeug dafür muss man selbst stellen, und für so etwas wird zu Hause kein Geld ausgegeben. Also hat sie in einer Fabrik gelernt, wie man Lampenschirme näht, und verdient nun ihr Geld mit privaten Schneiderarbeiten. Als sie selbst als Ledige ein Kind von Karl Knetschke erwartet hat, haben die beiden das Aufgebot bestellt. Doch der Junge ist tot zur Welt gekommen, am 11. Juni 1931. Nur zwei Tage danach hat die Hochzeit stattgefunden. Kurz vor Weihnachten 1932 kommt Karl Knetschke dank der «Schleicher-Amnestie», eines Straferlasses für mehr als 50 000 politische Straftäter, wieder auf freien Fuß.

Am 3. Juli 1935, einem sommerlich warmen, aber regnerischen Mittwoch, schenkt Lotte in der Frauenklinik der Berliner Charité einem gesunden Jungen das Leben. Es ist in den Familien beider Eltern das erste Kind seit Generationen, das ehelich geboren wird. Auf Wunsch des Vaters Karl, den alle nur Charly nennen, erhält es den zweieinhalb Jahre nach der Machtübergabe an die Nationalsozialisten unüblichen, ja unerwünschten, weil «undeutschen» Namen Charles. Der jüngere Bruder Ronald wird als Nachzügler erst 1949 folgen.

Als «politisch Unzuverlässiger und Ungeeigneter» ist der vorbestrafte Karl Knetschke nicht in die im Herbst 1933 gegründete Reichsmusikkammer aufgenommen worden, offiziell die Standesvertretung der Musiker, de facto eine NS-Organisation im Dienste der Gleichschaltung. Karl darf folglich nicht mehr öffentlich auftreten, und so betreibt er gemeinsam mit Lotte, die mit dem Bauchladen Süßigkeiten und Zigaretten feilbietet, einen Kiosk im «Konzerthaus Clou». Aus heutiger Sicht ist das riesige, 4000 Menschen fassende Vergnügungslokal in der Mauerstraße ein belasteter Ort: Am 1. Mai 1927 hatte dort Hitler seine erste Rede in Berlin gehalten. Im Vorderhaus befinden sich die Redaktionen des Nazi-Hetzblattes «Der Angriff» und der SS-Zeitschrift «Das schwarze Korps»; der Keller wird von der Gestapo für Verhöre genutzt, und 1943 wird der «Clou» als Sammellager für Hunderte jüdischer Zwangsarbeiter dienen, die dann ins KZ deportiert werden.

Die Knetschkes, die damit freilich nichts zu tun haben, wohnen quasi um die Ecke, im 2. Hof der Friedrichstraße 214, des einstigen nationalen Hauptquartiers der Heilsarmee, mitten im Presse- und Filmviertel. Noch im Jahr vor Charlies Geburt hatte Hitlers Hoffotograf Heinrich Hoffmann in diesem Gebäude seine Berliner Filiale unterhalten. Die Fischer-Film-Produktion, die Dokumentarfilme wie *Wir wandern mit den Ostgermanen* in die Kinos bringt, und die Presse-Bild-Zentrale Braemer & Güll, die die Journale mit Nachrichten- und Sportbildern versorgt, haben dort ihre Firmensitze. Heimlich arbeitet in einem Hinterzimmer Walter Bernstein, dessen Photothek Römer & Bernstein bis zur Schließung durch das NS-Regime eine der bedeutendsten Pressebildfirmen gewesen war. Wichtiger für Charlie ist, dass sich im Haus die private Musikschule von Ernst Zirkelbach befindet. Die Knetschkes besitzen ein Klavier, und darauf darf sich Charlie, der von Zirkelbach Stunden erhält, mit Czerny-Etüden abquälen.

Gleich nach Kriegsbeginn im September 1939 gehört Karl Knetschke zu den Ersten, die nach Polen marschieren müssen, obwohl die Angehörigen seines Jahrgangs 1909 eigentlich erst ab April 1941 zur Wehrmacht einberufen werden. In sicherer Erwartung eines Krieges hatte er sich, um nicht eingezogen zu werden, freiwillig zur Ordnungspolizei gemeldet, schließlich waren Polizisten von der 1935 wieder eingeführten Wehrpflicht befreit. Nun jedoch bildet man Polizei-Bataillone mit je 500 Mann und teilt sie der Wehrmacht zu, damit sie hinter den Linien zum Beispiel versprengte polnische Soldaten festnehmen. So zumindest wird das Karl Knetschke seinem Sohn später erzählen. Oder hat er als Vorbestrafter vorzeitig einrücken müssen? Immerhin kann er sich erfolgreich weigern, an Erschießungen teilzunehmen, und dass er später, ausgebildet am Entfernungsmesser, in Saint-Nazaire an der französischen Atlantikküste stationiert wird, ist ein großes Glück. Im Osten werden die Polizei-Bataillone zu einem entscheidenden Instrument bei der Durchführung der Shoah und mehr als 1,7 Millionen polnische Jüdinnen und Juden unter ihrer Mitwirkung ermordet.

Charlie sieht seinen Vater bis zum Sommer 1945 nur zwei Mal. Einmal, als dieser auf Fronturlaub in Berlin weilt, und später bei einem Besuch in Niederwürschnitz, einem Dorf im sächsischen Erzgebirge. Dorthin ist Lotte Knetschke mit ihrem achtjährigen Sohn im Sommer 1943 vorübergehend übergesiedelt, um den Bombardements der Hauptstadt zu entfliehen. Die himmelblaue Samtmütze, die der Vater aus Frankreich mitbringt, wird, obschon ungeliebt, eine lebensentscheidende Rolle spielen. Ohne sie hätte Charlie vermutlich Archäologie oder Geschichte studiert, auch wenn er heute gerne die Antwort seines berühmten amerikanischen Kollegen

John Barrymore auf die Frage nach seiner Berufswahl zitiert: «… weil ich das am besten kann.»

In Niederwürschnitz erlebt Charlie den Einmarsch der Amerikaner, die aber schon nach wenigen Tagen Schokoladenriegel verteilend wieder abziehen, denn das Dorf wird der russischen Zone zugeteilt. Mit seiner Mutter kehrt er nach Berlin zurück. Von der rund 4,3 Millionen Menschen zählenden Vorkriegsbevölkerung leben noch 2,8 Millionen in der Stadt, zwei Drittel davon Frauen, der Rest größtenteils Jugendliche und alte Männer. Da ihre Wohnung in der Friedrichstraße wie das gesamte Haus bei einem Fliegerangriff am 3. Februar 1945 zerstört worden ist, kommen die Knetschkes im vorderen Teil eines halbzerbombten Gebäudes in der Zimmerstraße 45 unter. Im Hinterhaus wohnt eine Freundin der Familie, in deren Küche sie das Wenige, was ihnen zusteht, zubereiten können: Lotte erhält als «Nichterwerbstätige» nur die schlechteste Lebensmittelkarte der Kategorie V, im Volksmund «Friedhofskarte» genannt, denn täglich 300 Gramm Brot, 20 Gramm Fleisch, 15 Gramm Zucker und 7 Gramm Fett reichen kaum zum Leben. Auf dem Schwarzen Markt tauscht sie ihre Armbanduhr und andere Habseligkeiten gegen Nahrungsmittel.

Als ihnen eine «bevorzugte» 1½-Zimmerwohnung im ersten Stock eines Gartenhauses an der Kulmer Straße 21 in Schöneberg zugeteilt wird, wechseln Lotte und Charlie vom russischen in den amerikanischen Sektor. Mit dieser Bleibe bedankt sich der jüdische Lebensgefährte einer ehemaligen Nachbarin in der Friedrichstraße, den diese mit Lottes Wissen und Unterstützung in ihrer Wohnung versteckt hatte und der nun eine einflussreiche Position in einer Behörde bekleidet. Zwar gibt es kein Bad, aber immerhin eine Toilette, eine Küche mit großem Herd, ein Wohnzimmer und ein «halbes» Zimmer unter einer Dachschräge. Dort finden das Ehebett der Eltern – Karl Knetschke, der angeblich die Résistance unterstützt hat, ist im Herbst 1945 überraschend früh aus Paris zurückgekehrt –, ein kleiner Tisch, an dem Charlie seine Arbeiten für die Falk-Oberschule erledigt, die er ab 1947 besucht, und sein Bett Platz. Bis er achtzehn ist, wird er mit den Eltern im selben Raum schlafen.

Der Vater, der zunächst vergeblich versucht hat, sich wieder als Unterhaltungsmusiker zu etablieren, arbeitet als Propagandist, vertreibt – vermutlich dank alter Beziehungen aus Ringverein-Zeiten – Spielautomaten, verschwindet zwischendurch ein halbes Jahr nach Westdeutschland. Vieles bleibt im Unklaren, Charlies Verhältnis zu ihm zeitlebens ein distanziertes.

Bereits seit Längerem trägt Charlie maßgeblich zum Unterhalt der kleinen Familie bei, denn 1946 ist er dank besagter blauer Mütze von Gerhard Lamprecht, dem Regisseur der international erfolgreichen Erich-Kästner-Verfilmung *Emil und die Detektive* aus dem Jahr 1931, auf der Straße für den Trümmerfilm *Irgendwo in Berlin* entdeckt worden.

Die persönlichen Schicksale der Darstellerinnen und Darsteller spiegeln in ihrer Unterschiedlichkeit die Zeitläufte: Hans Leibelt hatte ebenso auf der «Gottbegnadeten»-Liste des NS-Propagandaministeriums gestanden, die einen vom Militäreinsatz befreite, wie Paul Bildt, der zwischen 1934 und 1944 in 83 Filmen, darunter dem Propagandastreifen *Ohm Krüger* und Veit Harlans Durchhalte-Epos *Kolberg* mitgewirkt hatte, während seine jüdische Ehefrau von der Deportation bedroht gewesen war. Nach deren Krebstod und dem Einmarsch der Roten Armee hatte Bildt gemeinsam mit seiner Tochter Eva, seit 1941 verlobt mit Helmut Gollwitzer, einem der führenden Männer der Bekennenden Kirche, einen Suizidversuch unternommen und nach tagelangem Koma überlebt, während man Eva nicht mehr hatte retten können. Walter Bluhm, bis heute vielen als Synchronsprecher von Stan Laurel im Ohr, hatte den Zweiten Weltkrieg von 1939 bis 1945 als Frontsoldat erlebt. Die überzeugte Kommunistin Lotte Loebinger war aus dem Moskauer Exil an die Spree zurückgekehrt, noch bis 1952 wird sie auf dem Papier die Ehefrau Herbert Wehners bleiben. Und Charlies Filmvater Harry Hindemith, bis 1933 Mitglied der KPD, ab 1937 der NSDAP, war 1945 gleich wieder in die KPD eingetreten – er ist nicht der einzige Mime, der die Gesinnung zumindest nach außen wechselt wie ein Hemd.

Bei der gefeierten Filmpremiere am 18. Dezember 1946 in der vorübergehend im Admiralspalast untergebrachten Staatsoper hat sich Charlie das erste Mal in seinem Leben auf einer Bühne verbeugt. 1949 wird *Somewhere in Berlin* sogar in New York gezeigt werden. Zwar hat die «New York Times» einiges an dem deutschen «picture of Nazism» auszusetzen, doch lobt sie, der Film sei «well acted by Charles Knetschke».

Charlie hat aber nicht nur einen Zweijahresvertrag bei der DEFA mit einer Monatsgage von 200 Mark, sondern, noch wichtiger, auch die Lebensmittelkarte Stufe I erhalten, die nur Schwerstarbeitern und Künstlern zusteht. Zudem bekommt er aufgrund einer Verfügung der russischen Kommandantur eine zusätzliche Monatsration für Kunstschaffende. So reihen sich der Elfjährige und seine Mutter gemeinsam mit Film- und Bühnenstars in die Schlange vor einem Laden in Stadtmitte ein, in dem sie Nudeln, Kaffee und Fleisch beziehen können.

Ein ungeschriebenes DEFA-Gesetz besagt, dass Kinder, die einmal eine Hauptrolle übernommen haben, danach nur noch in kleinen Aufgaben eingesetzt werden, damit sie nicht überschnappen. Charlie wirkt in *Und wieder 48* mit, einem etwas Agitprop-didaktischen Streifen, mit dem der wie Lotte

Loebinger aus dem Moskauer Exil zurückgekehrte Gustav von Wangenheim dem Nihilismus junger Menschen nach dem Krieg entgegenzuwirken versucht. Er spielt im sozialkritischen, antimilitaristischen Volksstück *Die Buntkarierten*, einer Familiengeschichte über vier Generationen von der Kaiserzeit bis zum Aufbau der DDR, die drei Monate nach der Filmpremiere offiziell gegründet werden wird. Regie führt Kurt Maetzig, einer der Väter der DEFA, der für *Die Buntkarierten* den durch Wilhelm Pieck erstmals verliehenen Nationalpreis für Kunst und Literatur erhält. Als erster ostdeutscher Beitrag nimmt der Streifen 1949 am Festival Cannes teil.

Parallel zur Filmtätigkeit für die DEFA beginnt Charlies Bühnenkarriere. Sein Debüt auf den weltbedeutenden Brettern gibt er am 26. April 1947 im russischen Sektor, am Theater am Schiffbauerdamm, in das 1954 Bertolt Brechts Berliner Ensemble einziehen wird. Noch aber amtiert als Intendant Fritz Wisten, der ehemalige künstlerische Leiter des Jüdischen Kulturbunds, der das «Dritte Reich» nur dank einer «privilegierten Mischehe» und seiner guten Kontakte zum Abwehrchef Wilhelm Canaris überlebt hat. Angeschlossen ist, ebenfalls unter Wistens Direktion, das «Märchentheater der Stadt Berlin».

Charlie spielt Alex, den jüngsten der Titelhelden, im Märchen *Fünf Freunde und Onkel Demetrius* des Russen Dimitry Tscheglow. Regie führt der den Stummfilm prägende und 1929 in Hollywood für den ersten Ausstattungs-Oscar der Geschichte nominierte Rochus Gliese, die Gesamtausstattung stammt von Lotte Reiniger, die 1926 mit dem Silhouettenfilm *Die Abenteuer des Prinzen Achmed* den ersten langen Trickfilm der Filmgeschichte gestaltet hatte, ein gutes Jahrzehnt vor Disneys *Schneewittchen*. Doch natürlich ahnt der Junge nicht, mit welchen Weltberühmtheiten er da arbeitet.

Seine nächste Rolle trägt den netten Namen Stummelschwänzchen und ist eine der Hauptrollen in der gleichnamigen Kinderrevue. Aufgeführt wird sie zur Adventszeit 1947 im Friedrichstadt-Palast, dem einstigen Circus Schumann, in dem nach dem Umbau zum Großen Schauspielhaus Max Reinhardt ab 1919 von Massenchoreografien geprägte Klassikerinszenierungen und Erik Charell ab 1924 seine spektakulären Revuen gezeigt hatten. Von den Nationalsozialisten 1934 in Theater des Volkes umbenannt und zeitweise auch als Palast der 5000 bezeichnet, hat man die durch Bomben stark beschädigte Varietébühne nach dem Krieg notdürftig instandgesetzt. Immerhin noch 3277 Personen fassend, ist sie 1947 mit dem Namen Friedrichstadt-Palast versehen und unter städtischer Verwaltung dem einst als Verwandlungskünstler Triumphe feiernden Italiener Nicola Lupo anvertraut worden. Während der *Stummelschwänzchen*-Aufführungsserie findet dort am 2. November 1947 die Gründungsfeier der FDJ statt.

Georg Kaisers im Schweizer Exil entstandenes, im Februar 1945 in Basel uraufgeführtes Zeitstück *Das Floß der Medusa* erzählt die Geschichte eines Dampfers, der Kinder aus bombardierten englischen Städten nach Kanada bringen soll, aber auf hoher See von den Deutschen torpediert wird. Nur wenige Mädchen und Jungen entrinnen in Rettungsbooten dem sicheren Tod. Charlie, der eines dieser dreizehn Kinder spielt, probt am Hebbel-Theater in Kreuzberg, im amerikanischen Sektor, als am 20. Juni 1948 die lange erwartete Währungsreform in Kraft tritt und tags darauf die neue Deutsche Mark alleiniges Zahlungsmittel wird. Zwei Tage später wird in der Sowjetischen Besatzungszone ebenfalls eine Währungsreform durchgeführt, am 24. Juni der Westteil Berlins von allen Verkehrs- und Versorgungswegen abgeschnitten. «Rosinenbomber» der Amerikaner werden ihn während der bis 12. Mai 1949 andauernden Berlin-Blockade über die «Luftbrücke» mit Waren und Lebensmitteln versorgen.

Das Leben geht weiter, auch das kulturelle, und so feiert am 30. August 1948 die deutsche Erstaufführung des Georg-Kaiser-Dramas als Sonntagsmatinee Premiere. Horst Buchholz, anderthalb Jahre älter als Charlie, spielt seine erste Hauptrolle. Karriere wird auch ein anderer jugendlicher Partner machen: 1950 gibt am Hebbel-Theater in William Saroyans *Mein Herz ist im Hochland* mit O. E. Hasse der 1938 geborene Götz George sein Debüt, der Sohn Heinrich Georges, der wegen seiner Nazi-Verstrickungen von den Russen im Lager Sachsenhausen interniert worden und dort ums Leben gekommen ist. Es wird drei Jahrzehnte dauern, bis Charlie und Götz George abermals zusammenarbeiten und zwei Schimanski-*Tatorte* drehen werden.

Bereits seit 5. Dezember 1948 existiert ein eigenständiges «Berlin (West)», in der DDR konsequent «Westberlin» genannt. In einem latenten Kulturkampf versucht jede Stadthälfte, sich kulturell zu profilieren und die eigene Überlegenheit zu beweisen. Charlie arbeitet hüben wie drüben; sechzig Prozent seiner Gage in Ostmark darf er bei der 1949 von den westlichen Militärregierungen errichteten Lohnausgleichskasse zum Kurs 1:1 in Westmark umtauschen.

Noch vor dem Saroyan-Stück war er ab 26. Februar 1950 am Schiffbauerdamm-Theater in Goethes Lustspiel *Der Großkophta* mit Walter Süßenguth als schillerndem Graf Rostro aufgetreten. Der profilierte Charakterspieler führt nun Regie bei Erich Kästners *Emil und die Detektive*, Premiere ist am 16. März 1951 am mittlerweile um seinen Bestand kämpfenden Hebbel-Theater; wenige Wochen später wird es als städtische Bühne ausgedient haben, im Jahr darauf als Privattheater wiedereröffnen. Charlie ist als Krumbiegel besetzt, der seine Bande immer wieder zur Vorsicht mahnt. Sein Partner in der Titelrolle ist ebenfalls ein DEFA-Kinderstar: der 13 Tage jüngere Michael Günther, der im ersten Nachkriegsfilm *Die Mörder sind unter uns* mit Hildegard Knef mitgewirkt hat.

Ab 20. März 1952 spielt Charlie an der mit 295 Plätzen vergleichsweise kleinen, 1919 als politisch-expressionistisches Theater gegründeten Tribüne in der Berliner Straße, der heutigen Otto-Suhr-Allee. Aufgeführt wird ein weiteres in der NS-Zeit angesiedeltes Drama, Jan de Hartogs *Schiff ohne Hafen*. Der Kapitän eines holländischen Dampfers mit 146 jüdischen Emigrierten an Bord versenkt diesen, um damit in der Nähe befindliche US-Kriegsschiffe zu zwingen, die Geflüchteten als Schiffbrüchige zu retten und an Land zu bringen. Das Stück basiert auf einer wahren Begebenheit: Im Mai 1939 irrte der deutsche Passagierdampfer St. Louis mit rund 900 jüdischen Menschen wochenlang auf dem Meer umher, bis man diese von Antwerpen aus auf Belgien, Frankreich, Großbritannien und die Niederlande verteilen und so vor der Rückkehr ins nationalsozialistische Deutschland bewahren konnte.

Charlie gibt im recht pathetisch geratenen *Schiff ohne Hafen* den weniger sym- als psychopathischen Messejungen Henky. Als Rabbi steht der jüdische Remigrant Eric Schildkraut auf der Bühne, dessen Mutter in einem Konzentrationslager ermordet worden ist. Dieser habe, so wird sich Charlie erinnern, nie erzählt, was er bei den Proben und der Aufführung empfunden habe. Schildkraut, der später in Köln erleben wird, wie sein Garderobenspiegel von Theatermitarbeitern mit Hakenkreuzen beschmiert und ihm anschließend unterstellt wird, er habe das selbst getan, drückt dem Sechzehnjährigen Eugen Kogons 1946 veröffentlichtes Buch *Der SS-Staat* in die Hand, bis heute ein Standardwerk über die NS-Verbrechen. «Für seine Kollegen blieb Schildkraut der Außenseiter, der Wettbewerber, der Jude, der schon durch seine Präsenz an das erinnerte, was beharrlich verdrängt wurde», analysierte Anat Feinberg eine Erfahrung, die viele Remigrierte im nicht allzu reflexionsinteressierten nachkriegsdeutschen Theaterbetrieb machten.

Im Sommer desselben Jahres 1952 dreht Charlie südlich von Hamburg, genau gesagt in den Bendestorfer Filmateliers und im Dorf Klecken, den Jugendfilm *Der Kampf der Tertia* nach dem Roman von Wilhelm Speyer – ein weiterer jüdischer Exilant und drei Jahre zuvor aus den USA nach Europa zurückgekehrt. Der Regisseur Erik Ode, der ebenfalls als Kinderdarsteller seine Karriere begonnen hatte, noch beim Stummfilm, und ab 1968 als *Der Kommissar* Fernsehgeschichte schreiben wird, legt Charles Knetschke nahe, sich einen Künstlernamen zu wählen. Charlie entscheidet sich für den Mädchennamen seiner Mutter: Brauer. Später wird er sich den Namenswechsel amtlich bewilligen lassen und dafür 180 DM Gebühr entrichten.

Zur Besetzung des Films gehört der zweieinhalb Jahre ältere Horst Köppen. Ihn begleitet Charlie im November des Jahres zur im Jahr zuvor von der renommierten Bühnen- und Filmschauspielerin Hilde Körber gegründeten Theaterschule des Landes Berlin, die 1953 in Max-Reinhardt-Schule umbenannt werden wird. Charlie spricht der Körber vor, mitten im Schuljahr, doch mit so großem Erfolg, dass er außer der Reihe am 1. Dezember 1952 seine Schauspielausbildung beginnen kann, probeweise und mit einem monatlichen Stipendium von 60 DM für das zu entrichtende Schulgeld. Das Realgymnasium bricht er dafür noch vor dem Abitur ab.

Er lernt Sprech- und Atemtechnik, Fechten, Ballett, Improvisation und hört Theatergeschichte bei Professor Hans Knudsen, der jedoch mehr von seinen Kriegserlebnissen als vom Theater erzählt. Dass Knudsen sich bereitwillig in den Dienst des Nationalsozialismus gestellt hatte, interessiert in diesen Jahren kaum jemanden. Am wichtigsten aber ist für Charlie natürlich der Rollenunterricht bei Hilde Körber und bei Otto Graf, einst als Held und Bonvivant bei Gründgens an den Preußischen Staatstheatern und seit Kurzem bei Boleslaw Barlog am Schillertheater engagiert, sowie nicht zuletzt bei der schon damals legendären Marlise Ludwig, die im Laufe ihres fast 96-jährigen Lebens Horst Buchholz, Cornelia Froboess, Harald Juhnke, Klaus Kinski, Günther Pfitzmann, Klausjürgen Wussow und viele andere kommende Stars ausbildet.

Neben der Schauspielschule tritt Charlie am 563 Menschen fassenden Theater in der Nürnberger Straße auf, das vom englischen Ex-Offizier Edward P. Melotte geleitet wird, in *Hafen der Illusion*, einer ebenfalls zur Zeit des Zweiten Weltkriegs handelnden «Rhapsodie in zwei Sätzen» von Peter Ustinov. Im Souterrain des Gebäudekomplexes befindet sich die «Badewanne», der erste Jazz-Club, der nach dem Krieg in Berlin eröffnet hat und den auch der von seinem Vater für diese Musik begeisterte Charlie frequentiert. Oscar Peterson und Ella Fitzgerald hört der Jazzfan 1952 in den Messehallen am Funkturm.

Sean O'Caseys in den Elendsvierteln von Dublin handelnde Tragödie *Juno und der Pfau* wird ab 15. September 1953 vom Deutsch-Englischen Theaterclub im fünf Jahre zuvor eröffneten British Centre am Lehniner Platz aufgeführt. Dort hat sich unter der Leitung von Ottokar Runze ein hochambitioniertes, vorwiegend junges Ensemble versammelt. Gespielt wird in einem Flügel des Erich-Mendelsohn-Baus im ehemaligen Café Leon, das Mitte der Dreißigerjahre als Kleinkunstbühne des Jüdischen Kulturbundes gedient hatte.

Im Dezember 1953 macht ihn sein Freund Eric Schildkraut auf eine Vakanz am Theater im Zimmer in Hamburg aufmerksam, doch als Charlie in der Hansestadt ankommt, ist die geplante Produktion abgesagt worden. Zurück nach Berlin will er nicht, dort teilt er ja noch immer das Schlafzimmer mit den Eltern. Deren Ehe ist von Beginn an keine glückliche gewesen und wird 1957, als sein jüngerer Bruder acht Jahre alt ist, geschieden werden. Auch die Schauspielschule liefert keinen Grund für eine Rückkehr, denn die Zwischenprüfung hat er bereits absolviert; 1954 erhält er per Post das Zeugnis der Bühnenreife.

In Hamburg wohnt er zunächst bei der 14 Jahre älteren Fotografin Lilo Winterstein, in die er sich bei den Dreharbeiten zu *Kampf der Tertia* verliebt hat. Er stellt sich an verschiedenen Bühnen vor und auch beim Nordwestdeutschen Rundfunk, der ihn für mehrere Hörspiele verpflichtet, darunter Ingeborg Bachmanns *Zikaden* mit Musik von Hans Werner Henze. Charlie spricht in dieser Dystopie eines Eilandes die zentrale Rolle des jungen Insulaners Antonio, der jeden kennt und jedem hilft, die Frage nach der Sinnhaftigkeit des Daseins aber gleichgültig verneint. Mehr als hundert Hörspiele werden in den nächsten Jahrzehnten folgen und ebenso viele Synchronrollen. Charlie wird seine Stimme unter anderem Sal Mineo, George Hamilton, Donald Sutherland, Stacy Keach und Roy Scheider leihen, doch werden das Jobs für ihn sein, und dass er heute in manchen Internetdatenbanken als «Schauspieler und Synchronsprecher» aufgeführt wird, missfällt ihm. Wesentlicher findet er die von ihm eingelesenen Hörbücher mit Texten unter anderem von Paul Auster, Joseph Conrad, John Griesemer, John Irving, Sándor Márai, Bernhard Schlink und W. G. Sebald.

Von der Gage für sein erstes Fernsehspiel *Armer Vater Philipp* und anderen Einkünften kann er das erste eigene Zimmer seines Lebens mieten: 12 Quadratmeter, Fenster zum

Lichtschacht, Badbenutzung, 35 DM. Mittlerweile hat ihn der NWDR für die Serie *Unsere Nachbarn heute abend – Familie Schölermann* verpflichtet, deren Auftaktfolge am 29. September 1954 live gesendet wird. Benannt hat man die erste deutsche TV-Familie nach einem Lieblingsschauspieler des Fernsehintendanten, Hans Joachim Schoelermann, mit dem Charlie 1947 im Berliner Friedrichstadtpalast auf der Bühne gestanden und der ihm ins Poesiealbum geschrieben hatte: «Nur die Kunst schenkt die Gunst, ein trauriges Leben zu erhellen: drum soll zur Kunst man sich gut stellen. Der Weihnachtsmann Hans Schoelermann.» Für das anfangs recht überschaubare Publikum des späteren Straßenfegers – 1954 gibt es kaum mehr als 10 000 Fernsehgeräte in der Bundesrepublik – soll die Illusion erweckt werden, es sähe einer realen Familie in Echtzeit ins Wohnzimmer, daher werden die Namen der Darstellenden, darunter Lotte Rausch und Willy Krüger als Eltern, zunächst nicht genannt. Charlie spielt Heinz Schölermann, den ältesten Sohn der Familie – in 75 der bis 1960 vierzehntäglich ausgestrahlten 111 Episoden. Da er wegen seiner Theaterverpflichtungen nicht immer live im Studio agieren kann und die Magnetaufzeichnung erst 1958 eingeführt wird, wird in der Serie der als Automechaniker arbeitende Heinz nach Essen geschickt und kommt von dort zu Besuch, wann immer sein Darsteller es einrichten kann.

Am Vorläufer des heutigen Ernst Deutsch Theaters, dem Jungen Theater, gegründet 1951 von gleichfalls jungen Künstlern, um in Hamburg eine Bühne für zeitgenössische Dramatik zu schaffen, übernimmt der 19-jährige Charlie zur Eröffnung der Spielzeit 1954/55 die Hauptrolle des Richard in Eugene O'Neills einziger Komödie *Oh, Wildnis!*. «Wie er den intellektuellen Revolutionär, den verzweifelten Liebhaber auf Saufwegen und den zarten Romeo im Schilf zu einer Gestalt zusammenschichtet, das ist nicht nur die Darstellung der eigenen Jugend: dieser Schauspieler kann auch etwas», schwärmt die Presse. Ein Ritterschlag. Charlie sieht diese Rolle als den eigentlichen Beginn seiner Schauspielkarriere. Sein Bühnenpartner Eduard Marks empfiehlt ihn dem Regisseur Ulrich Erfurth, der den Nachwuchsdarsteller nicht nur in seinem Film *Reifende Jugend* neben Maximilian Schell in dessen erster Filmhauptrolle besetzt, sondern ihm auch ein Vorsprechen am Deutschen Schauspielhaus in Hamburg bei Gustaf Gründgens vermittelt. Dort fungiert Erfurth als Oberspielleiter und Stellvertreter des Intendanten.

Gründgens, als artistisch brillanter Darsteller im Expressionismus der Weimarer Republik groß geworden, in seinen Rollen oft affektiert und von beängstigender Kälte, gelegentlich auch frivol und lasziv, war, protegiert von Hermann Göring, 1934 zum Intendanten des Preußischen Staatsschauspiels Berlin und damit zum führenden Theatermann des «Dritten Reiches» aufgestiegen, dekoriert mit Titeln wie Preußischer Staatsrat, Reichskultursenator und Präsidialrat der Reichstheaterkammer. Je nach Perspektive ein skrupelloser, erfolgssüchtiger Karrierist, der die Kulturfassade des NS-Regimes aufpolierte, oder ein menschlich integrer und dabei persönlich gefährdeter Theaterleiter, der einen Freiraum innerhalb des totalitären Staates schuf und couragiert bedrohte Kollegen schützte, muss er zweifellos als Nutznießer jenes Systems, dem er seine Kunst zur Verfügung stellte, gelten. Wer heute an Gründgens denkt, muss die Ambiguität dieses bedeutenden Künstlers aushalten. Auch Charlie mag vor seinem Engagementsantritt im Jahr 1956 Widersprüchliches erfahren haben. Doch Klaus Manns zwanzig Jahre zuvor veröffentlichten, unser Gründgens-Bild bis heute prägenden Exilroman *Mephisto*, in dem der Autor den ehemaligen Freund

und Schwager kolportagehaft als den verabscheuungswürdigen Opportunisten Hendrik Höfgen porträtiert, kennt er nicht. Zu Lebzeiten des einflussreichen Theatermannes wagt kein bundesdeutscher Verleger, das Buch zu drucken – einer der Gründe für Klaus Manns Suizid 1949. Erst als er längst bei Gründgens engagiert ist, wird ihm die mütterliche Kollegin und Freundin Lotte Brackebusch ein Exemplar der Erstausgabe zu lesen geben.

Gründgens begreift Mitte der Fünfzigerjahre das Theater nach wie vor als heiligen Raum, den es freizuhalten gelte vom Einfluss der Wirklichkeit, damit die theatrale Kunst den ewigen Werten des Schönen und Wahren dienen könne. Viel zitiert wird seine Antrittsrede am Schauspielhaus, die er zehn Wochen vor Charlies Vorsprechen gehalten und in der er die Wiederherstellung einer Tradition sowie nicht zuletzt die Beherrschung des Metiers gefordert hat: «Genieren Sie sich bitte nicht, einen Satz richtig zu betonen. Es ist nicht Formalismus! Genieren Sie sich nicht, eine Rolle sicher in den Griff zu bekommen und zu beherrschen. Es ist nicht Manierismus! [...] ich würde wünschen, dass die drei Stunden, in denen wir abends unseren Beruf ausüben, festliche Stunden sind, besondere Stunden für jeden von uns. Nur dann werden sie besondere Stunden für den Zuschauer sein. [...] Machen Sie in Ihrem Privatleben, was Sie wollen, aber bringen Sie mir den Alltag nicht auf die Bühne.»

Noch während er auf einen definitiven Bescheid von Gründgens wartet, reist Charlie, der unterdessen für den Kriminalfilm *Alibi* als Sohn von O. E. Hasse vor der Kamera gestanden hat, inszeniert von Alfred Weidenmann, einst Mitglied der Reichsjugendführung der HJ, und geschrieben vom ehemaligen SS-Kriegsberichterstatter Herbert Reinecker, Ende Dezember 1955 zum ersten Mal in die Schweiz. An der vom jüdischen Exilanten Egon Karter gegründeten und geleiteten Komödie in Basel übernimmt er unter der Regie des Prinzipals die anspruchsvolle Rolle des aus bourgeoisen Verhältnissen stammenden Kommunisten Hugo in Jean-Paul Sartres Drama *Die schmutzigen Hände*. Die Württembergischen Staatstheater Stuttgart interessieren sich derweil ebenso für ihn wie das Zürcher Schauspielhaus, dann endlich kommt das ersehnte Schreiben aus der Hansestadt.

Ab der Spielzeit 1956/57 ist Charlie fest am Deutschen Schauspielhaus verpflichtet, dem er, über Gründgens' Rücktritt und Tod 1963 hinaus, zwanzig Jahre lang angehören wird. In seiner ersten Saison erhält er eine Jahresgage von 7200 DM; Will Quadflieg bekommt mit 36 000 DM die Höchstgage des illustren Ensembles, zu dem in dieser Spielzeit unter anderem Ehmi Bessel, Max Eckard, Sebastian Fischer, Elisabeth Flickenschildt, Ullrich Haupt, Werner Hinz, Richard Münch, Joseph Offenbach, Heinz Reincke, Hermann Schomberg und Antje Weisgerber gehören.

Gründgens legt Wert darauf, dass auch diese Prominenten das Deutsche Schauspielhaus als Ausgangspunkt ihrer Tätigkeit ansehen, der Nachwuchs aber soll möglichst immer zur Verfügung stehen. So dreht Charlie in seinen sieben Jahren bei Gründgens nur wenig, darunter neben einigen Fernsehspielen 1958 den ersten Film der reprivatisierten Rest-Ufa, der Universum Film AG, die de jure eine Neugründung durch ein Bankenkonsortium unter der Führung der Deutschen Bank und mit wenig Glück beschieden ist, schon 1961 wird die Kinofilmproduktion wieder eingestellt werden. *Ist Mama nicht fabelhaft?* heißt die flotte Beziehungskomödie mit Musik des *Lili-Marleen*-Komponisten Norbert Schultze, in der Charlie den mittleren der drei erwachsenen Söhne der verwitweten Titelheldin spielt, dargestellt von Luise Ullrich. Regie führt der als alliierter Theateroffizier aus dem amerikanischen

Exil in seine Heimat zurückgekehrte Peter Beauvais. Dessen Frau Karin Hübner, Charlies unerwiderte Schauspielschulliebe und wenige Jahre später in Berlin als *My Fair Lady* gefeiert, hat ihn auf ihren jungen Kollegen aufmerksam gemacht.

Auf der Bühne des Deutschen Schauspielhauses in Hamburg, des größten bundesrepublikanischen Sprechtheaters, dessen gold- und stuckverzierter neobarocker Zuschauerraum, mittlerweile verkleinert, zu dieser Zeit 1596 Sitzplätze beherbergt, debütiert Charlie als Don Enrique in Calderóns Schauspiel *Der standhafte Prinz*, inszeniert vom bedeutenden Bühnenbildner Willi Schmidt. Er steht als Charly in der Uraufführung von Curt Goetz' *Nichts Neues aus Hollywood* auf der Bühne, in Szene gesetzt nicht wie zunächst vorgesehen vom Autor, sondern von Gründgens, der zugleich die Hauptrolle des Schriftstellers Cliff Clifford übernimmt, ist unter der Regie seines Mentors Erfurth Ills Sohn in Friedrich Dürrenmatts *Besuch der alten Dame* – trotz Gründgens' Bedenken gegen das als belanglos empfundene Stück Elisabeth Flickenschildt zuliebe in den Spielplan aufgenommen –, und Damis in Molières *Tartuffe*.

Ab seiner zweiten Spielzeit spielt er einen Gärtner und einen Greif im zweiten Teil von Goethes *Faust*, der für Gründgens eine ganz besondere Bedeutung hat: «‹Faust II› ist für mich keine Inszenierung, es ist meine Lebensäußerung, es wird – was immer noch folgen mag – mein ‹Requiem› gewesen sein.» Die Grablegung gibt Gründgens, so wird er in seinem letzten Interview bekennen, «die tiefste Befriedigung» seiner gesamten Karriere: Allein auf der leer geräumten Bühne habe er sich durch das blendende Licht der Scheinwerfer wie in einem völlig abgeschlossenen Raum gefühlt und «ein tiefes Glücksgefühl» empfunden. Doch selbst der Premierenfeier dieses triumphalen Abends bleibt der depressive, vereinsamte Gründgens fern und verkriecht sich in seiner Wohnung am Harvestehuder Weg. Charlie ist einer der wenigen, die dem scheinbar Unnahbaren, dem leicht zu Kränkenden und zeitweise lebensbedrohlich Kranken, dem Demonstranten äußerster Disziplin und Selbstzucht und zugleich exaltierten Hysteriker, nicht nur dort privat näherkommen.

Unter der Regie von Ulrich Erfurth ist Charlie der Sohn Happy in Arthur Millers *Tod des Handlungsreisenden* und der Student Bollwerk in Brechts *Hofmeister*, unter Imo Moszkowicz der Biondello in Shakespeares *Der Widerspenstigen Zähmung*, unter Heinz Hilpert der Wirtssohn in Hugo von Hofmannsthals *Cristinas Heimreise*. Er spielt die Rolle eines Maklers in der längst überfälligen Uraufführung von Bertolt Brechts 28 Jahre zuvor fertiggestellter *Heiliger Johanna der Schlachthöfe*, ausgestattet von dem bedeutenden Bühnenbauer Caspar Neher, einem Freund und Mitarbeiter Brechts, und – auf Vorschlag des Verlegers Peter Suhrkamp, der sich dabei auf den verstorbenen Autor beruft – mit Brechts ältester Tochter Hanne Hiob in der Titelrolle. Die Premiere am 30. April 1959, zu der aus Ost-Berlin Ernst Busch, Wolfgang Langhoff und die Brecht-Witwe Helene Weigel anreisen, wird zum «Triumph des Geistes über die Zeit», so Gründgens selbst.

Ebenfalls in der Regie von Gründgens gibt er den Diener Aristarchus in der Uraufführung von Lawrence Durrells Versdrama *Sappho* und den Advokaten Don Fabio in Tirso de Molinas *Don Gil von den grünen Hosen*. Gründgens' letzte Regiearbeit, Shakespeares *Hamlet*, die am Ostersonntag 1963 Premiere hat, ist publicityträchtig mit Maximilian Schell besetzt, der ein Jahr zuvor in Hollywood den Oscar für seine Rolle als Ankläger in *Das Urteil von Nürnberg* bekommen hat und wegen seiner Beziehung zur unglücklichen Ex-Kaiserin Soraya in der Yellow Press omnipräsent, aber mit der komplexen Rolle des Dänenprinzen offenkundig überfordert ist und auf den Proben am liebsten Übersetzungsdetails diskutiert. Neben Schell stehen Marianne Hoppe als Gertrud und Hermann Schomberg als Claudius, Ella Büchi als Ophelia, Eduard Marks als Polonius und Ullrich Haupt als Horatio auf der Bühne. Charlie und sein Freund Uwe Friedrichsen stellen Rosenkranz und Güldenstern dar.

Gründgens' Nachfolger Oscar Fritz Schuh tritt ein schwieriges Erbe an. Zwar übernimmt er das Ensemble fast vollständig und vier Inszenierungen aus der bald schon verklärten Ära seines Vorgängers ins Repertoire, doch die Verpflichtung etlicher Gäste sorgt für Unmut im Ensemble. Heinz Reincke schilt Schuh «Dilettant» und «Ensemble-Zerstörer», Ullrich Haupt schimpft ihn einen «ungeheuer misstrauischen Menschen», mit dem die «Zusammenarbeit unerträglich» sei und der das Schauspielhaus «auf sein eigenes Maß heruntergeschraubt» habe.

Als einige Gründgens-Stars abwandern, reagiert das Publikum enttäuscht, der deutlich zeitgenössischer ausgerichtete Spielplan sorgt für weitere Irritationen. Es gebe, «bei aller Hochachtung und Verehrung für das Wirken von Gustaf Gründgens [...] keinen größeren Gegensatz zu ihm als eben mich», erklärt Schuh. Charlie, der in Köln mehrere Arbeiten Schuhs gesehen, diese geschätzt und auch selbst einmal dort gastiert hatte, hält dem Intendanten und der Bühne die Treue, zu deren Ensemblevertreter er, der seit 1957 Mitglied der Genossenschaft deutscher Bühnen-Angehörigen ist, gewählt wird. In dieser Funktion sitzt er auch im Aufsichtsrat des als GmbH organisierten Deutschen Schauspielhauses. Unter Schuhs Regie spielt er unter anderem den Lysander in Shakespeares *Sommernachtstraum* und den antiken Playboy Diomedes in *Troilus und Cressida*, den Brackenburg in Goethes *Egmont*, den Camille Desmoulins in

Georg Büchners *Dantons Tod* mit Rolf Boysen in der Titelrolle, Will Quadflieg als St. Just und Bernhard Minetti als Robespierre sowie die zentrale Rolle des Josef K. in einer Bühnenbearbeitung von Franz Kafkas Roman *Der Prozess*.

Zu den bedeutenden Gastregisseuren, die Schuh verpflichtet, zählen Hans Lietzau, Hans Schweikart und nicht zuletzt Fritz Kortner, der 1964 Molières Komödie *Der eingebildete Kranke* einstudiert. Wie kein anderer war Kortner in den Zwanzigerjahren als Exponent einer neuen, expressionistischen Spielweise gefeiert worden, der das Publikum mit großer Suggestivkraft und einer ungeheuren Präsenz der Gedanken mitzureißen vermag, zugleich aber auch wie kein anderer schon Jahre vor der Machtübergabe an die Nationalsozialisten als Personifikation des jüdischen Kulturbolschewisten diffamiert worden, als «so ziemlich der schmierigste und übelste jüdische Typ, der je auf einer Bühne gestanden hat». Nach seiner Rückkehr aus dem amerikanischen Exil hatte Kortner konstatiert: «Die Zufluchtsstätten des unterdrückten, vorhitlerischen Theaterstils im Dritten Reich waren – vertrauenswürdigen Berichten zufolge – das Theater von Gründgens und das von Hilpert. Aber wie verbissen sich diese beiden Bühnen auch gewehrt haben mögen, sie konnten nicht verhindern, dass der Zeitgeist das Theater penetrierte, dass es ihn spiegelte und abbildete. Das Theater, gefallsüchtig, wie es seiner Natur nach nun einmal ist, will unter allen Umständen gefallen, und so stellte es sich, wahrscheinlich unbewusst, peu à peu, auf die Zeit ein. Der vorher gedrosselte Ungeist, nun vom Zeitgeist befreit, rächte sich am Geist. Er befahl seine Absetzung.»

Nach dem Krieg ist Kortner rasch zum neben Brecht wichtigsten und einflussreichsten Regisseur avanciert. Von seinen Darstellern wird er für seinen Realismus ebenso bewundert wie gefürchtet für seine irrwitzige Reizbarkeit, die sich in cholerischen Anfällen und bissigen, nicht selten erniedrigenden Aperçus niederschlägt. Publikum und Kritik reagieren ambivalent auf seine die Klassiker nicht feiernden, sondern befragenden, die Gegenwart kritisch reflektierenden Inszenierungen. Dass der scheinbar apolitische Gründgens 1962 in Schillers *Don Carlos* mit der Figur des Philipp, dem «Porträt einer Qual», so der Kritiker Joachim Kaiser, dem saturierten Wirtschaftswunder-Publikum am Ende der Adenauer-Ära ein nur zu gerne akzeptiertes Identifikationsangebot geliefert hatte, hatte Kortner so kommentiert: «Zählen die verbrannten menschlichen Gebeine gar nicht? Selbst die Ermordung des Carlos und Posa nicht? [...] Philipp, dieser Vorläufer unserer Faschistenverbrecher mit rührendem Privatleben [...], der Inquisitionsverbündete, drosselt die von den beiden Jungs geplante humane Erhebung, an der teilzunehmen von den beiden Todesmutigen erschütternd aufgefordert wurde? Gründgens, der bundesdeutsche Inszenator, drosselt die beiden von Anfang als Inszenator. Sie kommen erst gar nicht zum Leben. Gründgens ist des gerührten Freispruchs aller sicher.»

Drei Monate setzt man in Hamburg für die Kortner-Proben an, das hat es am Deutschen Schauspielhaus zuvor nicht gegeben, selbst ein Riesenstück wie *Faust II* hatte Gründgens in nur vier Wochen einstudiert. Charlie spielt Cléante, der sich als Gesangslehrer in das Haus seiner Geliebten Angélique einschleicht. Deren Vater, den titelgebenden Hypochonder Argan, verkörpert Curt Bois. Als Kinderdarsteller einst einer der ersten Stars der deutschen Filmgeschichte, dann als «Komiker neuen Typs», so der Kritiker Kurt Pinthus, einer der wichtigsten Protagonisten der blühenden Berliner Unterhaltungskultur der Zwanzigerjahre, hatte Curt Bois die Berliner Posse amerikanisiert und Triumphe im vermeintlich verstaubten Schwank *Charleys Tante* gefeiert. Wie Kortner hatte er emigrieren müssen, sich 1950 nach seiner Rückkehr aus den USA aus bald enttäuschter politischer Sympathie in Ost-Berlin niedergelassen und unter Brechts Regie chaplinesk als Gutsbesitzer Puntila für Furore gesorgt. In der BRD verübelt man Bois seine DDR-Engagements, erst Kortner wagt, den begnadeten Komödianten in den Westen zu holen.

Kortners mit psychologischen Winkelzügen und szenischen Pointen zugespitzte Inszenierung wird vom Premierenpublikum mit frenetischem Beifall, aber auch mit lauten Buhs quittiert. «Die Krankheit zum Tode erkennen heißt: sich selbst erkennen. Das ist ein schmerzhafter Prozess. Das ist der (bittere) Kern der Molièreschen Komödie. Kortner hat ihn nicht erfunden, nicht hinzugefügt. Er hat ihn freigelegt, sichtbar gemacht wie vor ihm keine Bearbeiter, kein Regisseur», bilanziert das «Deutsche Allgemeine Sonntagsblatt». «Kortner hat mit seiner Inszenierung bewiesen, dass die bitteren Komödien von heute [...], vor allem die aufs äußerste reduzierten Spiele eines Beckett im Grundmuster schon angelegt sind in Molière.»

1969 wird Charlie abermals mit Bois in einer Molière-Komödie auftreten und, allerdings unter der Regie von Karl Paryla, in *Tartuffe* den Cléante geben. Als Elmire wird Charlies Frau auf der Bühne stehen: Nach einer 1964 nicht zuletzt auf Druck von deren Eltern geschlossenen, bald gescheiterten ersten Ehe mit der Journalistin Marlet Schaake heiratet er 1966 seine Kollegin Witta Pohl, als diese mit Zwillingen schwanger ist; auch für sie ist es die zweite Ehe. 1967 kommen Stefanie und Florian zur Welt. Seither muss Charlie für eine vierköpfige Familie sorgen; ein festes Engagement und damit ein sicheres Einkommen scheinen ihm unverzichtbar.

1968 kündigt Oscar Fritz Schuh fristlos, drei Jahre vor Ablauf seines Vertrags – dass man diesen nicht verlängern werde, hatte der Kultursenator seinem Intendanten bereits mitgeteilt. In den ausgehenden Sechziger- und frühen Siebzigerjahren findet mit den Rücktritten von Intendanten wie Boleslaw Barlog in Berlin, Ulrich Erfurth in Frankfurt, Helmut Henrichs in München, Hans Schalla in Bochum und Karl Heinz Stroux in Düsseldorf nicht nur ein Generationswechsel, sondern zugleich ein Paradigmenwechsel im bundesdeutschen Theater statt. Das affirmative, bürgerlich-repräsentative Theater wird zugunsten einer stärker inhaltlich orientierten und zunehmend politisch motivierten Theaterarbeit zurückgedrängt. Klassiker werden durch die Konfrontation mit eigenständigen Bilderwelten und durch assoziative Regieeinfälle aktualisiert. Viele junge Regisseure verstehen sich als Autoren der Inszenierung, denen der Text Spielmaterial für Regiefantasien liefert und die das tradierte Werk auf seinen aktuellen Gebrauchswert hin überprüfen. Aufführungen sollen sich unmittelbar auf die gesellschaftliche Realität beziehen. Gründgens mit seinen überzeitlich-partiturtreuen Inszenierungen hat als Vorbild ausgedient. Kortner hingegen beeinflusst entscheidend jüngere Regisseure, die das deutsche Theater prägen werden, wie Peter Stein und Peter Zadek.

Schuhs Nachfolger am Deutschen Schauspielhaus in Hamburg, Egon Monk, Brecht-Schüler und seit 1960 Fernsehspiel-Chef des NDR, hat ambitionierte Pläne. Er will «zeitbezogene Dramatik» spielen, für Menschen, die «politisch denken» und «Gesellschaft als veränderbar begreifen». Auch «Hafenarbeiter» erwarte er künftig im Musentempel, erklärt Monk. Noch vor Amtsantritt sorgt er für Aufsehen, als er gemeinsam mit seinem Verwaltungsdirektor Gerhard Hirsch und anderen Theaterleuten, darunter auch Charlie, ein

Flugblatt gegen die Notstandsgesetzte unterschreibt, das zur Diskussion nach der Vorstellung vom 29. Mai 1968 auffordert. Tags darauf mit der Abgeordnetenmehrheit der Großen Koalition aus CDU/CSU und SPD vom Bundestag erlassen, ermöglichen die Notstandsgesetze der Regierung in Krisenzeiten, die Grundrechte der Bürger zeitweilig einzuschränken oder komplett außer Kraft zu setzen. Die CDU attackiert Monk, er missbrauche das Theater für eine politische Demonstration, Siegfried Lenz und Hellmuth Karasek erklären sich mit Monk solidarisch und plädieren für ein politisches Theater statt einer «Feierabendbeschäftigung». Eine unter Zeitdruck entstandene Polit-Revue mit dem Titel *Über den Gehorsam* zur Eröffnung missglückt. Die Zweitpremiere, Schillers *Räuber*, von Monk mit Ernst Jacobi als Franz, Gerd Heinz als Karl und Charlie als Roller puristisch wie ein Dokumentarstück in seiner historischen Zeit präsentiert, sorgt für Unmut beim Publikum. Während Charlie loyal bleibt, erklären andere Ensemblemitglieder, darunter Joana Maria Gorvin und Rolf Boysen, sie würden ihre Verträge lösen, sollte Monk nicht zu «Reformen» bereit sein. Statt sich hinter seinen Intendanten zu stellen, unterstützt sie der Kultursenator. Zermürbt tritt Monk nach nur 75 Tagen im Amt zurück.

Nach einer kurzen Interimszeit unter Leitung von Gerhard Hirsch übernimmt im November 1969 Hans Lietzau die Intendanz. Doch die durchschnittliche Platzausnutzung sinkt um dreizehn Prozent, ein Drittel aller Abonnements wird zur nächsten Saison gekündigt. Der hanseatische Senat zeiht den Intendanten öffentlich der «Vernachlässigung wirtschaftlicher Gesichtspunkte», und schon am 11. Dezember 1970 kündigt auch Lietzau fristlos. Acht Tage später findet man den inzwischen auf eigenen Wunsch beurlaubten Verwaltungsdirektor Gerhard Hirsch, einen Freund Charlies, vergiftet auf, bei sich einen Brief, in dem es heißt: «Soviel menschliche

Charakterlosigkeit und Schweinereien ertrage ich nicht.» Der Schweizer Rolf Liebermann, Leiter der Hamburgischen Staatsoper, amtiert bereits als kommissarischer Intendant, als Charlie am 17. Januar 1971 erstmals den Donald in Christopher Hamptons bürgerlicher Komödie *Der Menschenfreund* spielt. In Szene gesetzt hat sie Dieter Dorn, dessen Aufstieg in den Regie-Ruhm mit dieser zum Berliner Theatertreffen eingeladenen Arbeit beginnt.

Dann gewinnt man den universal gebildeten Philosophen, Dramaturgen, Theater- und Musikkritiker Ivan Nagel als ersten nicht-regieführenden Intendanten des Schauspielhauses. Er hätte schon unter Lietzau als Dramaturg in Hamburg arbeiten sollen, hatte aber seinen Vertrag noch vor Antritt wieder gelöst: Lietzau sei eine «autoritäre» Persönlichkeit, mit der keine «faire, solidarische, vernünftige Zusammenarbeit» möglich sei. Regietheater lautet die Signatur der Ära Nagel, die Spannbreite der Stile reicht indes von den leisen, psychologisch genauen Inszenierungen Rudolf Noeltes bis zu den von überbordender Spiellust getragenen Revuen Jérôme Savarys.

Charlie gibt unter anderem den Hippolito in der damals noch Cyril Tourneur zugeschriebenen *Tragödie der Rächer*, von Claus Peymann als Italo-Western aus der Renaissance inszeniert. Die Bühne, ein bespielbares Riesenskelett, sowie die Kostüme stammen von Wilfried Minks, der in den Sechzigerjahren in Bremen die innovativste Ära des deutschen Nachkriegstheaters mitgeprägt, einen kühl kalkulierten Stil kreiert und beispielsweise Zadeks Inszenierungen von Wedekinds *Frühlings Erwachen* und Schillers *Räubern* mit Comic-Bildern des Pop-Art-Künstlers Roy Lichtenstein ausgestattet hat. In Hamburg führt Minks auch selbst Regie, unter anderem bei Schillers *Jungfrau von Orleans*, die er mit der erst 19-jährigen, kindlich-schlicht wie im katholischen Laienspiel deklamierenden Eva Mattes als Titelheldin in riesige weiße Schleier hüllt; Charlie stellt den Philipp von Burgund dar. In Ödön von Horváths Kleinbürgerstudie *Glaube, Liebe, Hoffnung* spielt er 1974 den Oberpräparator. Die Inszenierung zählt zu den ersten Erfolgen des aus bildungsbürgerlicher jüdischer Familie stammenden, in der Schweiz aufgewachsenen Regisseurs Luc Bondy, der als «Meister der Zwischentöne» mit filigranen, zaubrisch schwebenden Aufführungen von metaphysischem Realismus Theatergeschichte schreiben wird – ohne Charlie, zu einer weiteren Zusammenarbeit wird es nicht kommen.

«Theater schafft notwendige Fronten», erklärt Ivan Nagel in einem Gespräch mit dem «Spiegel» – die Fronten, die sich innerhalb des Hauses auftun, dürfte er freilich nicht gemeint haben. Er reduziert gestandenen Ensemblemitgliedern die Gage, die Techniker beschweren sich über unbezahlte Überstunden; Charlie als Ensemblevertreter ist in fast alle Konflikte involviert.

Auch seine private Situation ist angespannt. Die Ehe kriselt, nicht nur, weil Witta Pohl, die von Nagel nicht besetzt wird, immer häufiger außerhalb Hamburgs dreht und die Zwillinge von einem Au-Pair-Mädchen betreut werden müssen. Charlie nimmt sich eine eigene Wohnung, 1976 wird die Scheidung rechtskräftig werden. Als Witta Pohl 2011 stirbt, gehört sie zu den populärsten Darstellerinnen der deutschen Fernsehlandschaft, vor allem dank ihrer Rolle als patente, moralisch unfehlbare Mutter in der 1983 bis 1994 erstmals ausgestrahlten Familienserie *Diese Drombuschs*, die ihr – in Nachfolge Inge Meysels – den inoffiziellen Titel «Mutter der Nation» eingetragen hat. Bewundert worden ist aber auch ihr soziales Engagement für notleidende Kinder in aller Welt.

Nicht nur von seiner zweiten Frau, auch vom Schauspielhaus trennt sich Charlie. «Für mich ist der Punkt erreicht», schreibt er 1975 an Nagel, «wo ich nicht mehr kann und vor allen Dingen nicht mehr will. Ich befinde mich in einem Zustand, sinnlos vor mich hinzuleiden an Dingen, die offenbar nicht zu ändern sind. Ein Zustand, den ich zum Kotzen finde und auf den Tod nicht mag. Bitterkeit und Resignation sind nicht unbedingt mein Fach, aber vor allem keine besonders gute Basis für gemeinsame Arbeit.» Zum Ende der Spielzeit 1975/76 löst er seinen Vertrag, um nach zwanzig Jahren im festen Engagement frei zu arbeiten und mehr Filme drehen zu können. Seine – vorerst – letzte Rolle am Deutschen Schauspielhaus spielt er unter der Regie von Dieter Giesing in Simon Grays Sophisticated Comedy *Leider nicht erreichbar*.

Als sich seine Kündigung herumspricht, erhält er fast zeitgleich mit einem telegrafischen Angebot Boy Goberts ans Hamburger Thalia-Theater einen Anruf von Dieter Dorn. Dieser wird von den Staatlichen Schauspielbühnen Berlins zum väterlichen Intendanten Hans-Reinhard Müller an die Münchner Kammerspiele wechseln, gemeinsam mit Ernst Wendt als «regieführendem Chefdramaturgen» sowie einigen Schauspielerinnen und Schauspielern, und fragt Charlie, ob auch er mit von der Partie sein wolle. Der will. Sieben Jahre, von 1976 bis 1983, ist er fest in München engagiert, als Teil eines heute legendären Ensembles, zu dem Rolf Boysen, Barbara Freier, Cornelia Froboess, Helmut Griem, Lambert Hamel, Thomas Holtzmann, Peter Lühr, Felix von Manteuffel, Axel Milberg, Doris Schade, Edgar Selge, Gisela Stein und Manfred Zapatka gehören sowie nicht zuletzt – ähnlich wie einst an Gründgens' Staatstheater in Berlin – eine Reihe hervorragender Chargenspieler.

Ernst Wendt hatte seine Karriere 1960 als Theaterkritiker begonnen und maßgeblichen Anteil an der Durchsetzung eines neuen Regiestils im deutschen Theater gehabt.

Im Gegensatz zu Dorn, dessen die Sprache auslotende, nuancierte Inszenierungen nie langweilen, aber selten überraschen, lässt der wilde Intellektuelle Wendt die Widersprüche eines Textes ausspielen, statt sie einer eingängigen Konzeption zu opfern. «Wendt-Theater, das waren schrille, aber faszinierende Irrfahrten in seltsame Stückabgründe», so der Kritiker Manuel Brug. Wendt wird der wichtigste Regisseur für Charlie, Sabine Dultz später resümieren, er sei «in den Arbeiten Wendts von einer bemerkenswerten Vielschichtigkeit und Differenziertheit» gewesen, «ohne dabei je seine kritische Distanz und eine gewisse Reserviertheit aufzugeben. [...] In allen Rollen ging von Brauer eine Art Souveränität aus, und dennoch war immer auch die Kehrseite, das Verborgene des jeweiligen Menschen zu ahnen.»

Er spielt unter anderem den Gesandten in Jean Genets beim Abonnentenpublikum für Skandale sorgendem *Balkon* und den Kreon in Heiner Müllers Sophokles-Hölderlin-Bearbeitung *Ödipus*; vor allem die Raumlösung von Johannes Schütz, eine tote Rolltreppe, erregt die Gemüter. Er gibt in Schillers *Kabale und Liebe* den Hofmarschall von Kalb und in *Maria Stuart* den Burleigh, in Kleists *Käthchen von Heilbronn* den Kaiser, in Hans Henny Jahnns *Medea* den Kreon, in der zum Berliner Theatertreffen 1982 eingeladenen Inszenierung von Goethes *Torquato Tasso* den Antonio, dessen Maske der Sicherheit die eigene Krise verschleiert, und in Shakespeares *Wie es euch gefällt* die Doppelrolle des alten Herzogs und des Herzogs Frederick.

In vielen Aufführungen steht er zusammen mit Lisi Mangold auf der Bühne, einer 15 Jahre jüngeren Schweizer Schauspielerin, von der ein eigenartiger, eigenwilliger Zauber ausgeht – für das Publikum ebenso wie für Charlie. Wegen Lisi zieht er 1985 in ihr Heimatdorf, das basellandschaftliche Böckten, in dem er bis heute wohnt. Bis zu ihrem frühen Krebstod am 4. Januar 1986 bleibt sie seine Lebensgefährtin. «Nie spielte sie das handfest-realistische, virtuos-psychologische Theater. Immer war sie eine Grenzgängerin, ein Zwischenwesen der Schauspielkunst: mit ihrer undinenhaften Erscheinung, mit ihrer hohen, dem Singsang so reizvoll wie gefährlich nahen Stimme», rühmt «Die Zeit» in ihrem Nachruf.

Obschon sie sich auf eine einzige Zusammenarbeit beschränkt, wird für Charlie auch die Begegnung mit George Tabori prägend, der als Autor, Schauspieltrainer und Regisseur in Personalunion arbeitet, aber den Begriff «Regisseur» für sich als zu autoritär ablehnt und sich lieber als «Spielmacher» bezeichnet. Der ungarische Jude mit englischem Pass hat in Los Angeles mit Bertolt Brecht und Alfred Hitchcock gearbeitet und in New York inszeniert, beeinflusst von Lee Strasbergs Method Acting und der Gestalttherapie von Fritz Perls. In Deutschland ist er durch sein Auschwitz-Stück *Die Kannibalen* berühmt geworden, das er 1969 auf die Bühne des Berliner Schiller-Theaters gebracht hat.

Im Werkraumtheater, der Studiobühne der Münchner Kammerspiele, inszeniert Tabori 1977 die Collage *Verwandlungen*, Improvisationen zu Texten von Franz Kafka, die thematisch um die Dehumanisierung des Menschen kreisen. «Es ist nicht allzu schwer, einen Menschen in ein Ungeziefer zu verwandeln. Die Frage ist, wie man ein Ungeziefer in einen Menschen verwandelt», lautet das Motto des Abends. In der Rolle eines Regisseurs sitzt Charlie allein auf der Bühne, unterhält sich mit einer einem älteren Kollegen, der die Rolle des Vaters spielt, nachgebildeten Puppe, konfrontiert diesen «Vater» mit dessen Nazi-Vergangenheit und benutzt dazu Texte aus Kafkas Erzählung *In der Strafkolonie*.

Unter Thomas Langhoff, dem die DDR gestattet hat, auch im Westen zu arbeiten, spielt Charlie den Timothy Burren in Sean O'Caseys *Freudenfeuer für den Bischof*. Der Gajew in Ernst Wendts unsentimentaler Interpretation von Tschechows *Kirschgarten* ist seine letzte Rolle an den Kammerspielen. Als Wendt 1983 nach siebzehn Inszenierungen kündigt, verlassen auch Lisi Mangold und Charlie das Jugendstil-Schmuckkästchen. Zuvor hatte Charlie noch auf der anderen Seite der Maximilianstraße gastiert und am Bayerischen Staatsschauspiel unter Dieter Giesings Regie in der Uraufführung von Heinar Kipphardts *Bruder Eichmann*, der «Topographie eines bürgerlichen Pflichtmenschen» mit Hans Michael Rehberg in der Titelrolle des Shoah-Organisators, gleich drei Aufgaben übernommen: den Pfarrer Hull, Captain Weiss und den Conférencier.

Nun will er endlich frei sein für Angebote von Film und Fernsehen, die er in den Jahren davor nur sporadisch hat wahrnehmen können, etwa 1972 als Chefredakteur Lester in Alfred Vohrers Simmel-Verfilmung *Der Stoff, aus dem die Träume sind*, 1974 als Anstaltsleiter in Reinhard Hauffs nach dem Roman von Burkhard Driest entstandenem Gefängnisdrama *Die Verrohung des Franz Blum* mit Jürgen Prochnow, 1978 als der verhörende Polizist in der Adaption von Athol Fugards antirassistischem Theaterstück *Aussagen nach einer Verhaftung auf Grund des Gesetzes gegen Unsittlichkeit* mit den Fassbinder-Stars Hanna Schygulla und Günter Kaufmann, 1979 als Menzel in Dominik Grafs Hochschulabschlussfilm *Der kostbare Gast* oder 1981 als Juwelier George in der Paddy-Chayefski-Verfilmung *Ein Zug nach Manhattan* mit Heinz Rühmann.

Abermals in New York dreht er den Zweiteiler *Der Millionen-Coup* und spielt darin einen Mafiaanwalt. Nördlich des finnischen Polarkreises bei minus 30 Grad und in der

Gluthitze Jugoslawiens steht er als Jesuitenpater Pereira im aufwendig ausgestatteten Abenteuer-Sechsteiler *Jenseits der Morgenröte* vor der Kamera, der in der Zeit nach dem Dreißigjährigen Krieg spielt. An seiner Seite agieren der Engländer Julian Glover, drei Jahre zuvor als Bösewicht im James-Bond-Film *In tödlicher Mission* weltweit bekannt geworden, Tommi Ohrner, durch die Serie *Timm Thaler* einst ein Kinderstar, mittlerweile volljährig, und als wilder Kosake der Russe Oleg Vidov, bald darauf der Schwiegersohn Breschnews. Im Fernseh-Vierteiler *Wallenberg*, einer in Zagreb realisierten Produktion der amerikanischen Paramount, stellt Charlie den deutschen Generalmajor Schmidhuber dar, der ungarische Juden vor der Deportation rettet. Sein Partner in der Titelrolle des schwedischen Diplomaten ist der durch die Serie *Die Dornenvögel* zum Frauenschwarm gewordene Richard Chamberlain.

Um erneut mit Wendt arbeiten zu können, verpflichtet sich Charlie 1984/85 noch einmal ans Deutsche Schauspielhaus in Hamburg und spielt den Hochstapler Riccaut in Lessings *Minna von Barnhelm*; seine Lebensgefährtin Lisi Mangold übernimmt die Titelrolle. Vor der Premiere am 30. September hält der Intendant Niels-Peter Rudolph, der 1981 mit dem Zugeständnis angetreten war, zwei Spielzeiten in Ausweichquartieren zu arbeiten, anlässlich des – ursprünglich mit einer anderen Produktion geplanten – Wiedereinzugs ins renovierte Haus eine Rede, in der er Hölderlins Schelte der rohen und herzlosen Deutschen aus dem *Hyperion-Brief* zitiert. Hamburgs Erster Bürgermeister Klaus von Dohnanyi erwidert mit dem seither vielzitierten Satz: «Liebend gerne sehen und hören wir unsere Klassiker, und wir sind überglücklich, wenn wir die alten Bekannten dann auf der Bühne auch wiedererkennen.»

Bald schon erklärt Rudolph, von Dohnanyi noch einmal schriftlich wegen seiner Ästhetik gerügt und zudem öffentlich kritisiert, weil er die letzte Spielzeit mit einem Defizit von 5,3 Millionen DM abgeschlossen hat, seinen Rücktritt auf Ende der Saison. Zum Nachfolger kürt man Peter Zadek, der Wendt in seinen Memoiren selbstherrlich einen «katastrophalen Regisseur» und dessen *Minna* eine «idiotische Aufführung» nennen wird. Charlie erhält in Rudolphs Restspielzeit Aufgaben in Feydeaus *Klotz am Bein* und in Molières *Menschenfeind.* Eine weitere Zusammenarbeit mit Wendt, der zusammen mit Boy Gobert an das Wiener Theater in der Josefstadt gehen will, verhindert dessen Tod.

In Griechenland dreht Charlie *Die zwei Gesichter des Januar* nach einem Buch der von ihm hochverehrten Patricia Highsmith, und es ärgert ihn bis heute, dass man diesen 1986 uraufgeführten Film, von dem er sich erhofft hatte, seine Filmkarriere nehme Fahrt auf, nicht unbedingt als gelungen bezeichnen kann – zu seiner Freude wird er 2010 den Roman als Hörbuch einlesen können.

Zweimal hat er bereits in Gastrollen in *Tatorten* mitgewirkt, als ihm der NDR 1985 anbietet, an der Seite Manfred Krugs zu ermitteln. Krug, als Schauspieler wie als Jazzsänger einer der bekanntesten Stars der DDR, hatte 1976 das Protestschreiben gegen die Ausbürgerung Wolf Biermanns unterzeichnet, war als Künstler kaltgestellt worden und 1977 ausgereist, mit seiner Familie sowie, ungewöhnlich privilegiert, der Haushälterin und seinen wertvollen Antiquitäten. Rasch hatte Krug an seine Ost-Karriere anknüpfen können und durch Fernseharbeiten wie die Fernfahrer-Serie *Auf Achse*, die erste *Traumschiff*-Folge oder die *Sesamstraße* auch im Westen Prominenz und bald den einzigartigen Status eines gesamtdeutschen Volksschauspielers erlangt. Nachdem Krug in drei *Tatort*-Folgen mit wechselnden Assistenten agiert hat, wird nun Charlie sein gleichberechtigter

Partner und erreicht mit dieser Rolle ebenfalls den Gipfel seiner Popularität.

Der von Krug gespielte Hauptkommissar Paul Stoever, der, nicht selten mürrisch und von eher bodenständigem Charme, seine sensible Seite hinter einer rauen Schale verbirgt, ist mit intuitivem Scharfsinn ausgestattet. Mit den Dienstvorschriften nimmt er es nicht immer so genau. Hauptkommissar Peter Brockmöller dagegen ist ausgeglichen, vernünftig und immer höflich. Mehr als einmal gelingt es ihm mit seiner sensiblen Art, den aufbrausenden Freund zu beruhigen. Im Lauf der Jahre werden die beiden unzertrennlich wie ein altes Ehepaar. Als Stoevers Wohnung ausbrennt, zieht er sogar vorübergehend bei Brockmöller ein. Auch die beiden Darsteller sind bald gute Freunde und werden es dreißig Jahre lang bis zu Manfred Krugs Tod im Jahr 2016 bleiben.

Die erste gemeinsame Folge *Leiche im Keller* wird am 31. März 1986 ausgestrahlt, es ist die 179. der Reihe. Im Lauf der Jahre wirken neben bekannten Kolleginnen und Kollegen wie Gerd Baltus, Jan Fedder, Horst Frank, Evelyn Hamann, Rolf Hoppe, Heidi Kabel, Diether Krebs, Heiner Lauterbach, Inge Meysel oder Ulrich Mühe gelegentlich auch metierfremde Prominente wie der Fußballer Berti Vogts oder der Modeschöpfer Rudolph Moshammer mit, was natürlich für erhöhte Aufmerksamkeit sorgt. Das quotenfördernde Alleinstellungsmerkmal der Hamburger *Tatort*-Kommissare aber werden ihre Musiknummern, die die Fans in jeder Episode erwarten, seit in der Folge *Tod auf Neuwerk* Stoever auf dem Klavier geklimpert und Brocki angefangen hat zu singen: *Somewhere Over The Rainbow*.

Manfred Krug erholt sich zwar gut von einem im Jahr 1997, wenige Monate nach seinem 60. Geburtstag erlittenen Schlaganfall, plant aber dennoch seinen Ausstieg aus der

Reihe, auch weil etliche Drehbücher nicht restlos überzeugen. 2001 flimmert *Tod vor Scharhörn* über die Mattscheiben, der 38. und letzte gemeinsam gelöste Fall der Hauptkommissare Stoever und Brockmöller. Sie quittieren den Dienst und trällern, frisch angeheuert als Unterhalter auf einem Luxusschiff: «Alles geht einmal vorbei, mal vorbei, mal vorbei, bye-bye Black Bird, Mord und Totschlag sind nun aus, denn wir zwei gehen nach Haus, bye-bye Tatört. Andere wetzen ab nun ihre Schuhe, Paul und Brocki haben endlich Ruhe, alles geht einmal vorbei, mal vorbei, mal vorbei, Tatört bye-bye...!»

Charlie und Manfred Krug erhalten die Goldene Kamera. Ihre CD mit den Songs aus den *Tatorten* wird über 150 000 Mal verkauft und am 10. April 2001 mit einer Goldenen Schallplatte ausgezeichnet.

Von 1999 bis 2002 stehen die beiden Pate beim Börsengang des ehemaligen Staatsunternehmens Deutsche Telekom und preisen mit durchschlagendem Erfolg in Werbespots die T-Aktie an – angeblich lässt sich das Unternehmen den fünf Jahre dauernden gigantischen Werbefeldzug rund 300 Millionen Euro kosten. Mehrere Millionen Menschen vertrauen dem Rat der Sympathieträger, kaufen das zur angeblich risikolosen Volksaktie hochgejubelte Papier und verlieren dank enormer Kursverluste teils existenzgefährdende Summen. 2007 wird sich Manfred Krug «aus tiefstem Herzen» bei den Käuferinnen und -käufern der Anteilsscheine entschuldigen.

Außer im *Tatort* ist Charlie in den unterschiedlichsten Fernseh- und Filmproduktionen zu sehen, sei es als Gefängnisdirektor in Margarethe von Trottas Biopic *Rosa Luxemburg* oder als Prince Philip in Hape Kerkelings *Willi und die Windzors*, einer Persiflage auf das englische Königshaus, deren Mitglieder sich plötzlich bei deutschen Verwandten namens

Bettenberg in einer Reihenhaussiedlung wiederfinden. Er stellt das raffgierige Unternehmer-Ekel James Blickle in der von Martin Walser geschriebenen Kriminalkomödienserie *Die Abenteuer des Tassilo Grübel* mit Bruno Ganz dar, ab 1990 den verständnisvollen Schuldirektor Julius Hartlaub in der Vorabendserie *Unser Lehrer Doktor Specht*, entwickelt vom Drehbuchautor Kurt Bartsch, einem Freund Manfred Krugs aus DDR-Tagen, und mit einer heutzutage so namhaft wohl kaum noch zu realisierenden Besetzung aus West- wie Oststars, zu der Robert Atzorn, Peter Bause, Veronika Ferres, Jenny Gröllmann, Corinna Harfouch, Heinz Hoenig, Gisela Trowe und Ingrid van Bergen gehören, und ab 1999 den patriarchalischen Textilfirmenbesitzer Wilhelm Althofer in 113 Folgen der in Augsburg angesiedelten Familiensaga *Samt und Seide*.

Zum Spektrum der bedarfsgerechten Fernsehtätigkeit des Vielbeschäftigten gehören neben Krimireihen wie *Derrick*, *Wolffs Revier*, *Die Kommissarin*, *Peter Strohm* und *Stubbe* sowie Krankenhausserien wie *Für alle Fälle Stefanie* und *Frauenarzt Dr. Markus Merthin* auch seichte Unterhaltung mit allessagenden Titeln wie *Liebe ist die beste Medizin*, *Der See der Träume*, *Im Fluss des Lebens* oder *Kreuzfahrt ins Glück* und Herz-Schmerz-Schmonzetten von Rosamunde Pilcher, Utta Danella und Katie Fforde. Als er in den Jahren 1993 und 1994 das RTL-Format *Spurlos* moderiert, mit fünf Millionen Zuschauenden durchaus erfolgreich, ätzt der «Spiegel»: «Charles Brauer, ‹Tatort›-Kommissar auf Abwegen, fahndet nach Vermissten. Wann moderiert Doktor Brinkmann das ‹Gesundheitsmagazin Praxis›? Und warum spricht Günter Strack nicht das ‹Wort zum Sonntag›?»

Doch er wirkt ebenso in anspruchsvollen Filmen für die Happy Few mit, und nicht selten macht er für Low-Budget-Produktionen Abstriche bei seiner sonst üblichen

Gage. *Das letzte Mahl* von Florian Frerich spielt am Tag der Ernennung Hitlers zum Reichskanzler und feiert seine Weltpremiere im Rahmen des Los Angeles Jewish Film Festival 2018; Charlie verkörpert den jüdischen Maler Max Liebermann. In David N. Kochs Kurzfilm *Karl*, gedreht im Sommer 2019 in den Niederlanden, stellt er anrührend einen Rentner dar, dessen Entschluss, die Kleider seiner verstorbenen Frau zu spenden, alte Wunden aufreißt.

Charlies Liebe gilt auch in diesen Jahrzehnten der Bühne. An den von Ivan Nagel geleiteten Württembergischen Staatstheatern in Stuttgart gibt er 1984 bis 1987, ganz ohne das rollenübliche Pathos, den Selim Bassa in Mozarts *Entführung aus dem Serail*. Es ist das Operndebüt von Niels-Peter Rudolph, der Charlie, um ihn nach Lisi Mangolds Tod aus der Trauer zu reißen, 1986 abermals als Gast nach Stuttgart holt, für die eigentlich problemlos aus dem Ensemble zu besetzende Rolle des Cléante in Molières *Tartuffe* mit Ulrich Wildgruber.

Ebenfalls unter Rudolph spielt Charlie 1988 in Stuttgart den heuchlerischen, hinterlistigen Herzog von Alba in Schillers *Don Carlos* mit Martin Wuttke und 1989 an den Staatlichen Schauspielbühnen Berlins den Zuhälter Pompey in Shakespeares *Maß für Maß*, glanzvoll besetzt mit Christian Berkel, Peter Fitz, Corinna Kirchhoff, Bernhard Minetti und Walter Schmidinger. In seine Rolle baut er jeden Abend Tagespolitisches ein, zum Bestechungsskandal um den Charlottenburger CDU-Baustadtrat Wolfgang Antes oder zum Rücktritt des Innensenators Heinrich Lummer, und in der Vorstellung vom 9. November verkündet er den Fall der Mauer, von dem er eben erfahren hat.

1990 und 1991 stellt er bei den Salzburger Festspielen schroff und rau den Manrike im selten aufgeführten historischen Trauerspiel *Die Jüdin von Toledo* dar, im Landestheater mit Ulrich Mühe, Susanne Lothar, Anne Bennent und Rolf Ludwig psychologisch sensibel inszeniert von Thomas Langhoff, der damit richtungweisend die Initialzündung für eine neue Grillparzer-Rezeption setzt. Er wirkt in zwei Stücken von Frank Wedekind am Staatstheater Hannover mit, 1991 als Konsul Casimir im *Marquis von Keith* und 1992 als Dr. Schön in *Lulu* mit Maria Happel, zur Eröffnung des neuen Schauspielhauses inszeniert von Matthias Hartmann, dessen steile Karriere gerade beginnt.

Am Bayerischen Staatsschauspiel München ist er in Thomas Bernhards Komödie *Der Ignorant und der Wahnsinnige* zu sehen, am Berliner Renaissance-Theater unter anderem in Brian Friels *Molly Sweeney* nach einer Geschichte von Oliver Sacks: Eine blinde Irin erhält durch eine Operation ihre Sehkraft wieder, kehrt aber lieber ins ewige Dunkel zurück. 140 Mal spielt Charlie den Arzt Dr. Rice, denn er tourt mit diesem Stück auch durch den gesamten deutschsprachigen Raum. Weitere erfolgreiche Tourneen werden folgen, etwa mit dem das Publikum gleichfalls thematisch fordernden *Fall Furtwängler*. Möglich ist das nur dank der enormen Popularität, die Charlie durch seine intensive Fernsehtätigkeit erlangt hat.

1997 bis 2000 singt und spielt er in Essen den Henry Higgins im Musical *My Fair Lady*, seine Partner als Eliza und als deren Vater sind Stella Fürst und Ulrich Wildgruber. Mit Gunnar Möller, ein halbes Jahrhundert zuvor sein Filmbruder in *Ist Mama nicht fabelhaft?*, steht er 2005 in Düsseldorf als ehemaliger Starkomiker Willie Clark in Neil Simons unverwüstlicher, von Adelheid Müther wirksam in Szene gesetzter Boulevardkomödie *Sonny Boys* auf der Bühne. Unter der Regie von Markus Dietz brilliert er in Bochum 2007 als über das Ausmaß seiner Krebskrankheit im Unklaren gelassener Großgrundbesitzer Big Daddy in Tennessee Williams'

Katze auf dem heißen Blechdach und 2009 als müde gewordener Brigadegeneral Ezra Mannon in Eugene O'Neills *Orestie*-Adaption *Trauer muss Elektra tragen*.

2016 holt man ihn abermals zu den Salzburger Festspielen, wo die englische Bühnenregisseurin Deborah Warner auf der Pernerinsel Shakespeares *Sturm* mit Peter Simonischek und Jens Harzer inszeniert, mit, freundlich formuliert, durchwachsenem Presseecho: Die «Neue Zürcher Zeitung» beklagt das «langweilige Stellungsspiel», die «Süddeutsche Zeitung» nennt es «altbacken fade». Charlie spielt souverän den altersweisen Gonzalo.

So stilistisch unterschiedlich die Inszenierungen auch sind, an denen er im Lauf der Jahrzehnte beteiligt war, kommt es zu keiner Arbeitsbeziehung mit den Protagonisten des Postdramatischen Theaters mehr, das sich programmatisch vom mimetisch-fiktionalen Theater abwendet, vom Text als bedeutendem Bestandteil des Theaterprozesses, von der geschlossenen Handlung, von der Nachahmung und der psychologischen Figurenführung – man möchte Figuren nicht mehr verstehen, sondern dekonstruieren. Zur künstlerischen Heimat wird für Charlie ab 2010 das traditionelleren Formen verpflichtete Hamburger Ernst Deutsch Theater, die mit rund 750 Plätzen größte Privatbühne der Hansestadt.

Als Erstes stellt er unter der Regie von Gerd Heinz, mit dem er bereits in Hannover und München gearbeitet hat, den Wladimir in Becketts *Warten auf Godot* dar. Am Morgen des Premierentags erreicht ihn die Nachricht, dass seine Mutter Lotte in Berlin gestorben ist, mit 101 Jahren. «Mein lieber, lieber Freund. Ein innig naher Mensch kann in den Himmel gehen, so spät er will, er fehlt doch von Stund an. Endgültig», wird ihm Manfred Krug schreiben. Pflichtbewusst steht Charlie abends neben Werner Rehm als Estragon auf der Bühne.

Von der «Welt» werden sie gefeiert als zwei «Virtuosen der Schauspielkunst, die diskret das bisher nicht wahrgenommene, doch durch zahllose Zitate belegte Jüdische im Stück verifizieren, ohne die Absurdität des Unerklärlichen außer Acht zu lassen». Den brutalen, später weinerlichen Herrenmenschen Pozzo gibt ein Freund aus Gründgens-Tagen: Uwe Friedrichsen.

Die Ausstattung stammt, wie von nun an für sämtliche Produktionen mit Charlie am Ernst Deutsch Theater, von Lilot Hegi, seiner dritten Ehefrau und Mutter des 1987 in Hamburg zur Welt gekommenen Sohnes Jonas. 1947 in Rebstein im Kanton St. Gallen geboren, hatte sie Bühnenbild bei Willi Schmidt und Achim Freyer an der Hochschule der Künste in Berlin studiert, war 1983 bis 1985 Ausstattungsleiterin des Deutschen Schauspielhauses in Hamburg gewesen und hat seither an fast allen großen Bühnen im deutschsprachigen Raum gearbeitet – auch für Produktionen in Hamburg, Stuttgart und Düsseldorf, an denen Charlie beteiligt gewesen ist. Nun übersetzt sie Becketts berühmten kleinen Baum in einen zwei Meter hohen und neun Meter langen Holzklotz, der schräg auf dem Bühnenboden liegt. Den Raum begrenzen schwarze Stoffwände, auf die sie mit weißer Kreide die Horizontlinie der Alpen an der französisch-italienischen Grenze gezeichnet hat.

Die Produktion wird später auch am Berliner Schlossparktheater gezeigt. Dort übernimmt er die Hauptrolle in Edward Thompsons *Am goldenen See*, den unter Demenz leidenden Norman Thayer, den in Mark Rydells für zehn Oscars nominiertem Film Henry Fonda verkörpert. Nach 40 Vorstellungen in Berlin wird die erfolgreiche Bühneninszenierung Adelheid Müthers wiederum ans Ernst Deutsch Theater übernommen und weitere 35 Mal aufgeführt. Dort spielt Charlie, jeweils unter der Regie von Heinz und mit Rehm als Partner, in Molières sprachformbewusst, ohne Aktualisierungen in Szene gesetztem *Tartuffe*, in einer extensiv die Tiefe der Figuren auslotenden Aufführung von Lionel Goldsteins Komödie *Halpern und Johnson* und abermals in Neil Simons *Sonny Boys*.

Heisenberg, der Titel von Simon Stephens' raffinierter Beziehungsstudie, rekurriert auf die Heisenbergsche Unschärferelation, dass zwei komplementäre Eigenschaften eines Teilchens nicht gleichzeitig beliebig genau bestimmbar sind. Lilot entwirft 2018 einen Raum, der weg von den äußerlichen Schauplätzen wie einer Londoner Bahnhofshalle, einer Metzgerei und einem Schlafzimmer die innere Logik des Stückes zeigt. Sie stellt einen in der Theaterwerkstatt täuschend echt hergestellten großen Findling auf die Bühne. Charlie gibt an der Seite von Anna Stieblich als dreißig Jahre jüngerer quirlig-impulsiver Schulsekretärin den zurückhaltend-verschlossenen, etwas kauzigen Fleischereibesitzer Alex Priest – es ist die beste Darstellung seiner späten Jahre.

Mit *Heisenberg* geht der 84-Jährige 2019/20, im Winter vor Ausbruch der Corona-Pandemie, die sämtliche Bühnen zur vorübergehenden Schließung zwingt, auch auf Theatertournee. Ein letztes Mal, so beteuert er zumindest. Lesend zieht er freilich nach wie vor durch die Lande, mit gruseligen Geschichten von Edgar Alan Poe, Gedichten von Gottfried Benn, einem von ihm selbst klug konzipierten, erstaunlich ernsten und berührenden, auch politischen Erich-Kästner-Abend oder mit Texten der vorübergehend fast schon in Vergessenheit geratenen Baselbieterin Adelheid Duvanel.

Und ich bin ihm dankbar, dass er immer wieder auch aus meinen Büchern gelesen hat, in Berlin, Düsseldorf, Hamburg und Basel. Ohnehin kenne ich kaum jemanden, der mit solcher Treue Freundschaften pflegt wie Charlie – mit langen Briefen, die er, wie selbst jede Urlaubspostkarte, ausnahmslos mit dem Füllfederhalter schreibt, an gemütlichen Abenden bei gutem Essen im Restaurant, am liebsten italienisch, oder zu Hause, von Lilot formidabel zubereitet, während er für Wein und Kaffee zuständig ist. Seine Vorliebe für Zigarren teilt er nicht mit seiner Frau, wohl aber die Liebe zur zeitgenössischen bildenden Kunst und Literatur und nicht zuletzt zum Reisen, sei es mit der Transsibirischen Eisenbahn in die Mongolei, mit dem Auto ins Piemont oder mit dem Schiff nach Grönland und immer wieder nach Venedig und London, wo der Sohn Jonas lebt.

Keine Frage, er weiß das Leben zu genießen und muss nicht zwingend auf der Bühne und vor der Kamera stehen wie so manche seiner Kollegen, die sich ausschließlich über ihren Beruf definieren. Aber er tut das auch nach den 77 Jahren, die seit seinem Filmdebüt vergangen sind, noch immer leidenschaftlich gerne.

Wie schrieb ihm John Grisham? «I keep writing, you keep reading!» So schmiedet Charlie, während er an seinen Texten für dieses Buch arbeitet, unterbrochen durch Lesungen und Hörbuchaufnahmen, bereits Pläne für eine neue Theaterproduktion im Jahr 2024.

Nicht nur ich freue mich darauf.

Bildnachweise

S. 12, 14, 15: © DEFA-Stiftung/Kurt Wunsch
S. 48: © Lilo Winterstein
S. 50: © NDR
S. 51, 74, 87: © Rosemarie Clausen
S. 53: © Pressefoto Flechner, Hamburg
S. 57: © Erich Natter
S. 95, 97, 98: © Oda Sternberg
S. 109 (oben): © Birgit und Ralf Brinkhoff
S. 109 (unten): © Wolfgang Groeger-Meier
S. 111: © Nordlund
S. 118: © Karin Hölscher
S. 119: © Ulla Kimmig, www.ullakimmig.com
S. 122: © Bernd Böhmer
S. 124: © Matthias Jung
S. 129: © A. Divisch
S. 136: © Anneliese Heuer
S. 144: © Wolfgang Silveri
S. 145: © Oliver Fantitsch
S. 146: © Ute Schendel
S. 147: © Christian Enger

Nicht ausgewiesene Bilder stammen aus dem Privatbestand von Lilot Hegi und Charles Brauer.

Der Verlag hat die Urheber/-innenrechte der verwendeten Fotos nach bestem Wissen und Gewissen abgeklärt. Sollte uns dies nicht in allen Fällen einwandfrei gelungen sein, bitten wir um Entschuldigung und nehmen Ihre Mitteilung unter info@zytglogge.ch gerne entgegen.

Als Hörbuch von Finch & Zebra im Download und Stream auf allen Plattformen erhältlich.

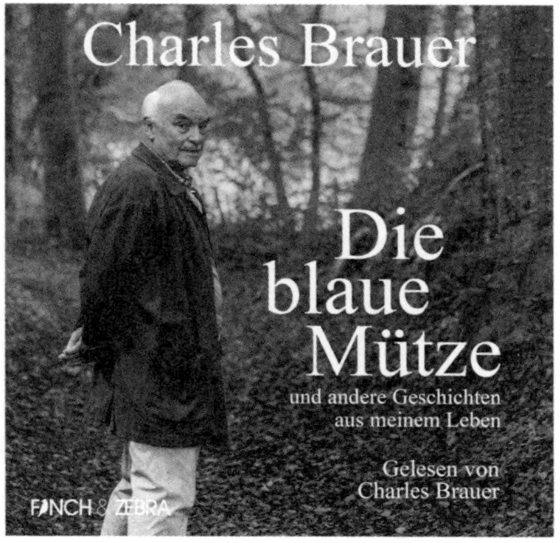

Ebenfalls bei Zytglogge erschienen

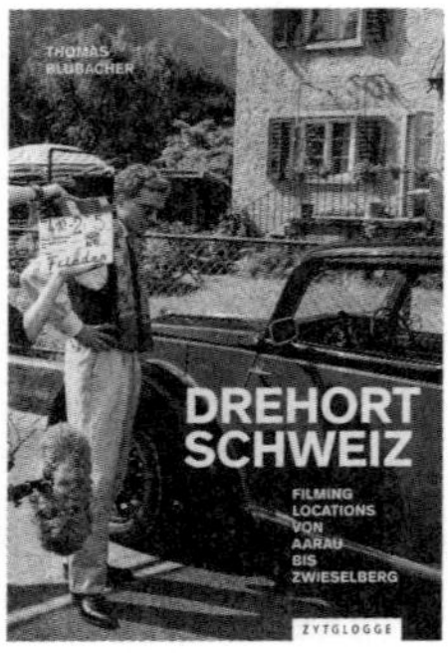

Thomas Blubacher
Drehort Schweiz
Filming Locations von Aarau
bis Zwieselberg
ISBN 978-3-7296-5103-6

Von Aarau bis Zwieselberg zeigt Thomas Blubacher in seiner kenntnis- und anekdotenreichen Darstellung von Drehorten aus allen 26 Kantonen der Schweiz auf, wo Jason Bourne seine Identität sucht, Papa Moll wohnt, Wachtmeister Studer, Max Männdli und Nestor Burma ermitteln, James Bond und Sherlock Holmes in die Tiefe stürzen. Wo immer möglich bis zur Angabe der Hausnummer erfahren wir, in welchem Weiler der Gasthof von Kohlhiesel steht und in welcher Straße das Haus des Bäckers Zürrer, an welchen Orten Al Pacino, Juliette Binoche und Robert Downey Jr. vor der Kamera standen, Clint Eastwood, Margrit Rainer und Alec Guinness, Louis de Funès, Max Hubacher und Sophia Loren.

Ebenfalls bei Zytglogge erschienen

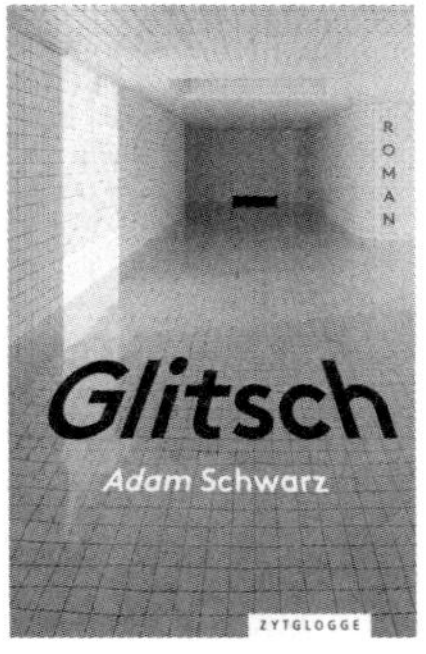

Adam Schwarz
Glitsch
Roman
ISBN 978-3-7296-5119-7

Klimakatastrophentourismus mit Schlagerprogramm und Analogfisch auf der Speisekarte: Mit seiner Freundin Kathrin durchquert Léon auf einem Kreuzfahrtschiff die ganzjährig eisfreie Nordostpassage. Als Kathrin spurlos verschwindet, macht er sich auf die Suche nach ihr. Er taucht immer tiefer in den Schiffsbauch ab und gerät unter Verdacht, ein blinder Passagier zu sein. Risse in der Wirklichkeit tun sich auf: Weder er noch seine Freundin stehen auf der Bordliste. Gibt es Kathrin überhaupt? Und was haben ein neuseeländischer Philosoph, obskure Internetforen und ein 15 Jahre altes Videospiel damit zu tun? Ein abgründiger Abgesang auf die Welt, wie wir sie zu kennen glauben.

Ebenfalls bei Zytglogge erschienen

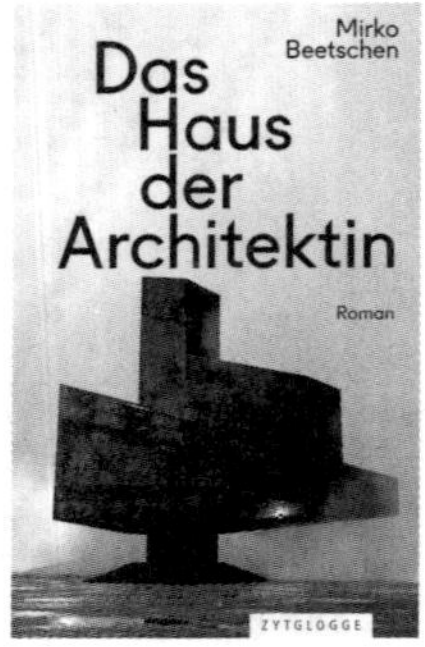

Mirko Beetschen
Das Haus der Architektin
Roman
ISBN 978-3-7296-5124-1

Auf einer Privatinsel im Neuenburgersee liegt ein seit Jahren verlassenes und völlig abgeschirmtes Anwesen, um das sich zahllose Legenden ranken. Bis zu ihrem Tod lebte hier die weitgehend in Vergessenheit geratene Architektin Marie-Yolande Rabaut, die mit diesem Haus ihr Hauptwerk geschaffen hatte.

Als ein Architekturjournalist die Chance erhält, exklusiv über das Gebäude zu berichten, lässt er sich in Begleitung seiner beiden Hunde von einem Fischerboot auf der Insel absetzen. Doch seine anfängliche Begeisterung schlägt rasch in Ratlosigkeit um. Wozu dienen all diese Räume und labyrinthischen Korridore? Und warum verhalten sich seine Hunde so auffällig? Als es zu einem Unfall kommt und er feststellen muss, dass alle Verbindungen zum Festland gekappt sind, bleibt ihm nichts anderes übrig, als die Nacht allein mit seinen Hunden im Haus zu verbringen. Allein?

Ebenfalls bei Zytglogge erschienen

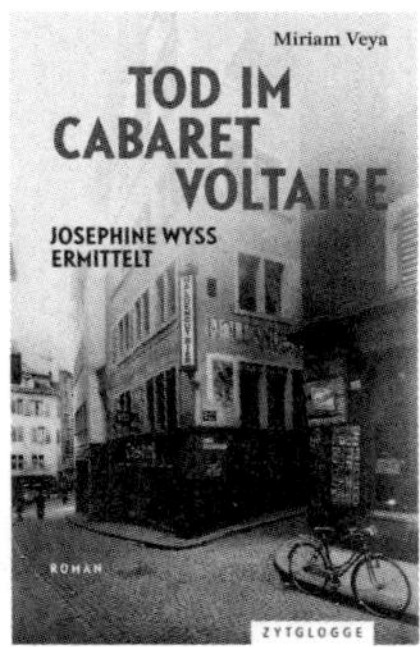

Miriam Veya
Tod im Cabaret Voltaire
Josephine Wyss ermittelt
Roman
ISBN 978-3-7296-5122-7

Zürich, im Oktober 1919: Die junge Witwe Josephine, deren soeben bei einem Unfall verstorbener Mann eine «Auskunftsstelle für vermisste Personen» betrieben hat, steht vor dem Nichts. Als sie am Abend nach der Beerdigung im verwaisten Büro überlegt, dieses aufzulösen, stürmt eine Frau herein und beauftragt sie mit der Suche nach ihrer verschwundenen Freundin. Diese ist wie die Auftraggeberin selbst Künstlerin im Cabaret Voltaire, der Wiege der DADA-Bewegung. Kurz darauf wird die Klientin auf der Bühne von einem herabstürzenden Kulissenteil erschlagen, und Josephine glaubt als Einzige nicht an einen Unfall. Mit ihren Nachforschungen bringt sie nicht nur sich selbst in Gefahr, sondern muss sich auch gegen alle Widerstände den Weg freikämpfen, um als alleinstehende Frau ein unabhängiges Leben zu führen.

CHARLES BRAUER
Geb. 1935 in Berlin, stand er 1946 für den dritten deutschen Nachkriegsfilm vor der Kamera und debütierte ein Jahr später auf der Bühne. Er nahm Schauspielunterricht an der Max-Reinhardt-Schule in Berlin, spielte an Theatern in Berlin, Basel und Hamburg und schrieb Fernsehgeschichte als Sohn in der ersten deutschen Familienfernsehserie *Familie Schölermann*. Prägend war ab 1956 seine Zeit unter Gustaf Gründgens am Deutschen Schauspielhaus in Hamburg, von wo er 1976 für sieben Jahre an die Münchner Kammerspiele wechselte. Er arbeitete mit Regisseuren wie Fritz Kortner, Dieter Dorn, Ernst Wendt und George Tabori, gastierte an Bühnen in Hamburg, Stuttgart, Berlin, Hannover, München, Essen, Düsseldorf, Bochum und bei den Salzburger Festspielen. Einem breiten Publikum wurde er durch seine zahlreichen Film- und Fernsehrollen bekannt, unter anderem als Hamburger *Tatort*-Kommissar in den Jahren 1986 bis 2001, in der Vorabendserie *Unser Lehrer Doktor Specht* und der 113-teiligen Familiensaga *Samt und Seide*, sowie als Hörbuchsprecher.

THOMAS BLUBACHER
Geb. 1967 in Basel, ist der promovierte Theaterwissenschaftler als freischaffender Autor und als Regisseur für Bühnen in Deutschland, Österreich, der Schweiz und den USA tätig. Er publizierte u. a. Biografien über die Geschwister Eleonora und Francesco von Mendelssohn, Oskar Wälterlin, Gustaf Gründgens und Ruth Landshoff-Yorck, schrieb für verschiedene Zeitungen und verfasste mehrere Radiofeatures. Im Zytglogge Verlag sind von ihm «Letzte Ruhe am Rheinknie – Spaziergänge zu bemerkenswerten Toten auf Basels Friedhöfen» (2021), «Basels Weltvariété – Karl Küchlin und sein Theater» (2022) sowie «Drehort Schweiz – Filming Locations von Aarau bis Zwieselberg» (2022) erschienen.

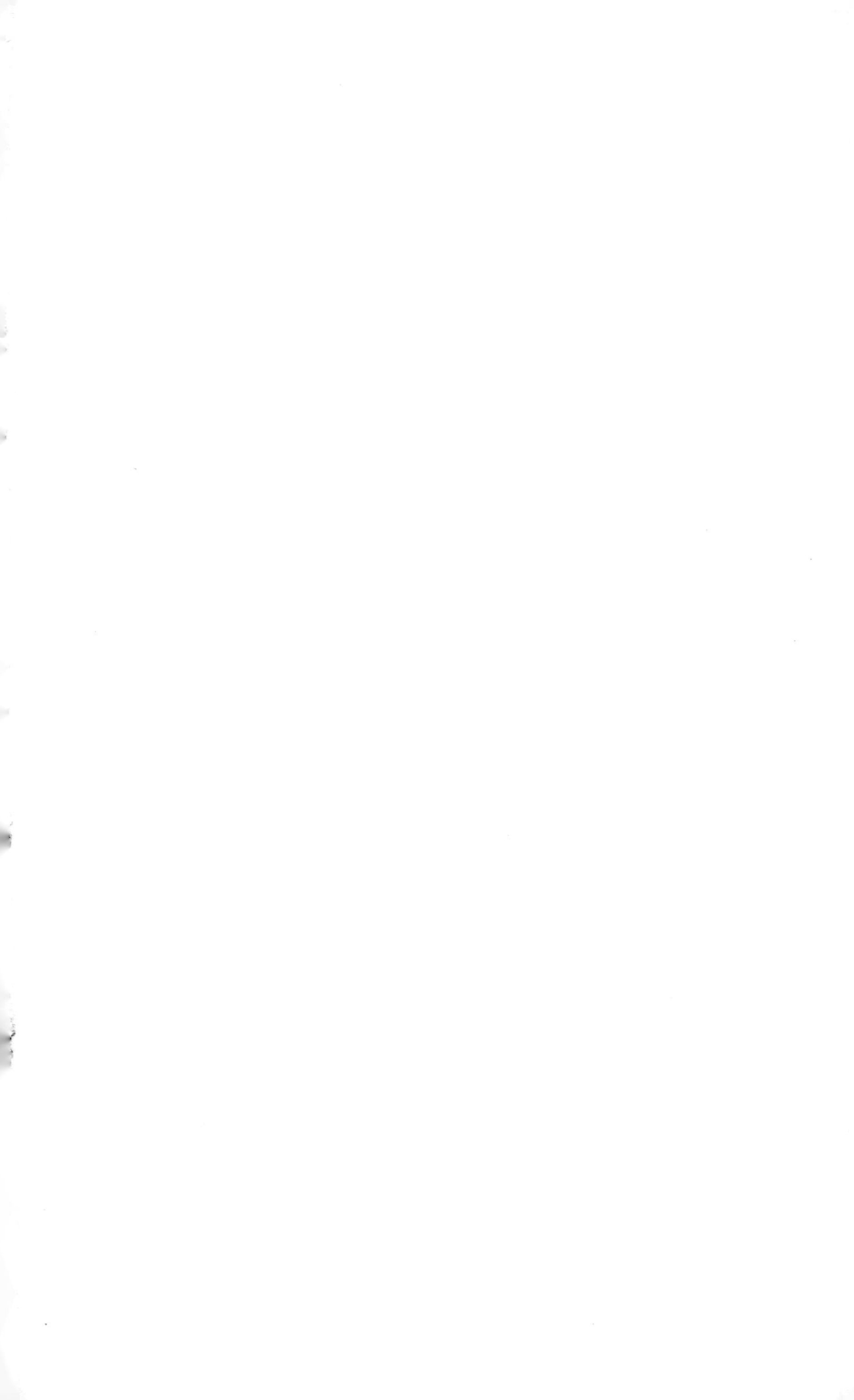

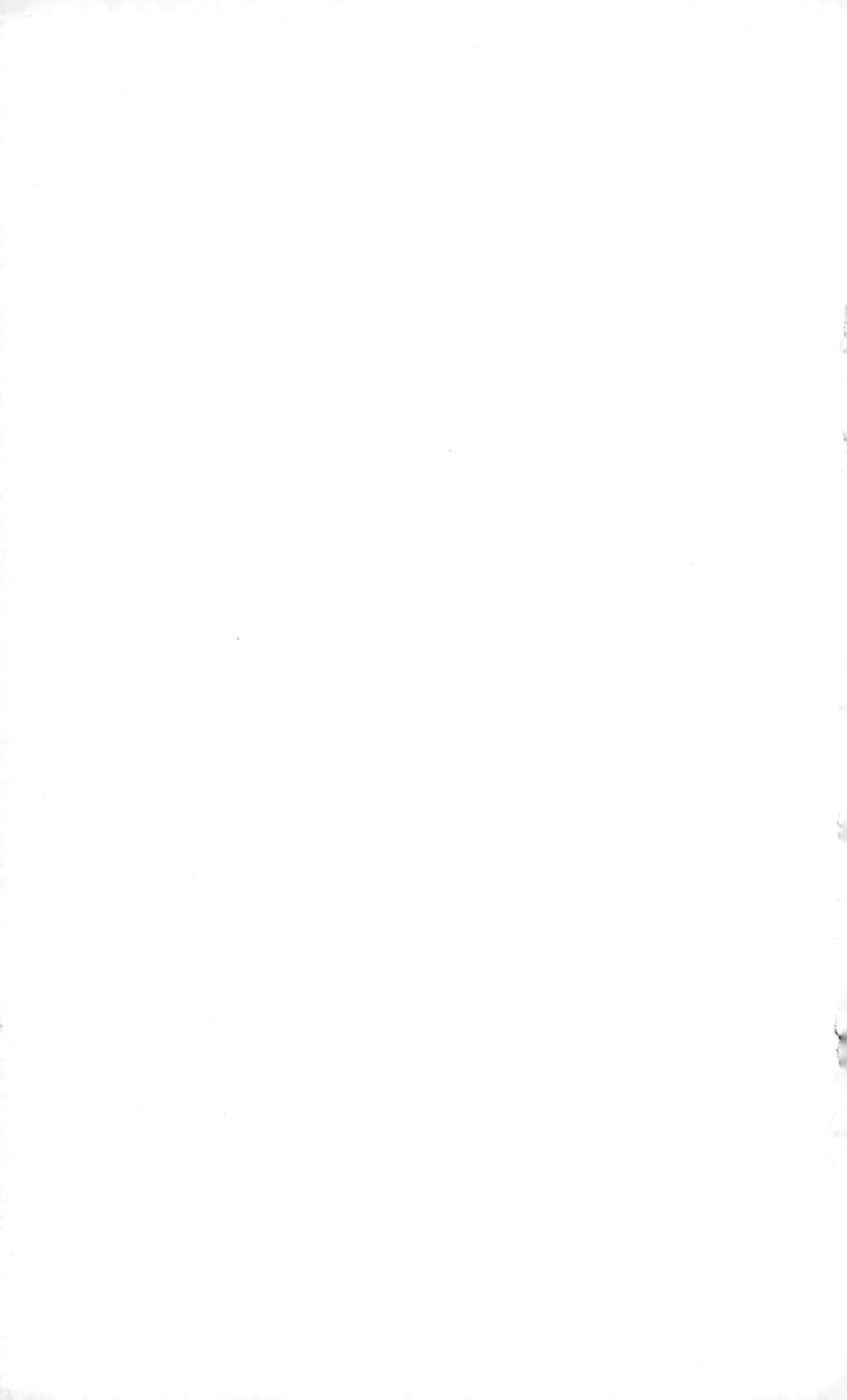